Heike Kügler-Anger

Vegane Brotaufstriche

Heike Kügler-Anger

VEGANE BROTAUFSTRICHE

Süßes und Pikantes
natürlich selbst gemacht

illustriert von Kirsten Maria Peter

pala verlag

INHALT

LIEBE LESERINNEN UND LESER!

Geht es Ihnen auch so? Ich liebe Brot. Und Brötchen. Sowie Bagels, Laugenbrezeln, Hörnchen, Croissants und anderes knuspriges Kleingebäck. Für mich beginnt und endet ein guter Tag mit einer leckeren Scheibe Brot oder einer anderen Backware. Deshalb bin ich auch froh, nicht in einem ostasiatischen Land wie Japan zu leben, wo zum Frühstück oft Suppe und Reis serviert werden. Natürlich haben mein Magen und ich prinzipiell nichts gegen ein leckeres Reisgericht einzuwenden. Doch alles zu seiner Zeit. Morgens und abends brauche ich Brot.

Vielen Menschen in Deutschland, Österreich und der Schweiz scheint es ähnlich zu gehen. Diese drei Länder liegen beim Brotverzehr europaweit an der Spitze. So lässt sich zum Beispiel in Deutschland jeder durchschnittlich 83 kg Brot und Brötchen im Jahr schmecken. Vielleicht schmeckt es uns so gut, weil wir aus mehreren Hundert Sorten Brot und Brötchen auswählen können? Unser »täglich Brot« ist uns jedenfalls sehr wichtig.

Aber wie steht es mit dem, was auf dem Brot verzehrt wird? Der Wahrheitsgehalt des Sprichwortes »trocken Brot macht Wangen rot« erscheint mir mehr als dürftig. Meiner Erfahrung nach kann »trocken Brot« zwar satt machen, es trägt aber wenig zur Zufriedenheit bei und endet meist mit einem gehörigen Durstgefühl. Um gut zu essen, bedarf es meist mehr als des Brotes allein. Es muss etwas auf das Brot! Erst der Belag oder der Aufstrich macht die Brotzeit so richtig schmackhaft.

Was streichen oder legen wir also auf unsere mehreren Hundert Sorten Brot und Kleingebäck? Meist kommt morgens ein wenig Marmelade oder ein Schokoaufstrich auf das Frühstücksbrot. Wer es nicht gern süß mag, wählt eine Scheibe Käse oder Wurst. Am Abend ein ähnliches Bild: Käse und Wurst plus Brot. Und das tagein, tagaus.

Wie langweilig, meinen Sie, liebe Leserin, lieber Leser? Ich gebe Ihnen recht! Unser Brot und wir haben mehr verdient als Wurst und Käse. Lassen Sie uns Farbe und Abwechslung auf die Brotscheiben und Brötchenhälften, zwischen Brotstangen, Hörnchen und Bagels bringen! Lassen Sie uns unsere Gaumen und Augen verwöhnen! Selbst gemachte und frisch zusammengerührte Brotaufstriche aus natürlichen und rein pflanzlichen Zutaten sind leckere Alternativen zum Käse-Wurst-Einerlei. Sie schmecken morgens, mittags und abends und haben es in sich, aus einer einfachen Scheibe Brot eine kleine Delikatesse zu machen.

Bei den pikanten, cremigen Köstlichkeiten aus Gemüse und Kräutern, Getreide, pürierten Hülsenfrüchten, aus Ölfrüchten, Nüssen und Kernen, Tofu und anderen Sojaprodukten kommt bestimmt keine Langeweile auf. Wer Süßes auf dem Frühstücksbrötchen mag, wird die fruchtig süßen Aufstriche, die herrlichen Cremes, die Nussmuse und hausgemachten Marmeladen lieben. So ist bei den Rezepten ab Seite 36 für jeden Geschmack und für Groß und Klein etwas dabei.

Damit alles leicht von der Hand geht und sicher gelingt, verrate ich Ihnen außerdem die besten Tipps und Tricks aus meiner veganen Aufstriche-Küche. Darüber hinaus habe ich in einem Kapitel zusammengefasst, was Sie im Hinblick auf notwendige Küchenhygiene sowie Haltbarkeit und Lagerung beachten sollten.

Falls Sie wie ich zu den Menschen gehören, die Genuss gern teilen, können Sie die liebe Verwandtschaft, gute Freunde, nette Nachbarn sowie Kolleginnen und Kollegen mit Hilfe der Rezepte aus diesem Buch überraschen: Die pikanten und süßen Aufstriche eignen sich nämlich wunderbar als kleine Geschenke oder Mitbringsel. In einer ansprechenden Verpackung oder hübsch dekoriert sind sie etwas ganz Besonderes und erfreuen alle, die Leckeres auf dem Brot schätzen.

Beim Nachkochen, Experimentieren, Probieren, Genießen und Verschenken wünsche ich Ihnen viel Spaß und guten Appetit.

Ihre

AUF DER SUCHE NACH GESCHMACK UND VIELFALT

Bestimmt kennen Sie, liebe Leserin, lieber Leser, die bunten Gläschen und Döschen, die in den Regalen der Reformhäuser, Naturkostläden und Supermärkte stehen. Industriell gefertigte vegetarische und vegane Brotaufstriche sind inzwischen voll im Trend und damit in vieler Munde. Sie sind willkommene Alternativen zu Wurst und Käse und praktisch in der Handhabung. Aber wie steht es mit dem Geschmack? Ich habe viele von ihnen auf mein Frühstücks-, Lunch- und Abendbrot gestrichen. Die meisten finde ich durchaus lecker. Aber viele schmecken irgendwie gleich. Kein Wunder, denn fast immer wird bei der industriellen Zubereitung eine Basis aus pflanzlichen Ölen und Fetten, aus Sojaeiweiß und Tofu, Sonnenblumenkernen oder Cashewnüssen und aus Nährhefe gewählt. Verschiedene Gemüsearten, oft als Konzentrate, sowie Kräuter, Salz und andere Gewürze – darunter manchmal auch der Geschmacksverstärker Glutamat – werden hinzugefügt, um die unterschiedlichen Geschmacksrichtungen zu erzeugen.

So weit, so gut. Aber kann man es nicht noch ein bisschen besser machen? Ein bisschen mehr Abwechslung auf den Tisch und das Brot bringen?

Ich machte mich auf die Suche. Ich wollte Aufstriche finden, die sich nicht nur farblich, sondern auch geschmacklich voneinander unterscheiden. Die ohne Konzentrate, ohne stark verarbeitete Produkte, mit weniger oder ganz ohne Nährhefe, ohne künstliche Geschmacksverstärker und mit weniger Salz als fertige Produkte auskommen. Die dennoch cremig und leicht zu verstreichen sind. Die das ganze Spektrum von fein und mild über pikant, kräftig und scharf bis fruchtig, nussig und süß abdecken. Die mal mediterran, mal asiatisch, mal exotisch, mal nordisch, mal nach guter Hausmannskost schmecken.

Um genau das zu finden, half nur eins: die Ärmel hochzukrempeln und mich selbst ans Werk zu machen. Zu experimentieren, zu probieren, zu verwerfen oder für gut zu befinden. Das, was mir, meiner Familie und meinen Testessern richtig gut schmeckte und schmeckt, finden Sie bei den Rezepten ab Seite 36.

DIE RICHTIGE BASIS

Während der Arbeit staunte ich manches Mal, woraus sich ein leckerer Aufstrich zaubern lässt: Kartoffeln kamen bei mir bis dahin eher als Beilage oder Gratin auf den Tisch. Wenn man sie nach dem Kochen püriert, mit weiteren pürierten Gemüsen oder ausgewählten Gewürzen mischt, hat man plötzlich einen fein cremigen Aufstrich. Couscous, Bulgur, Hirse und Grünkern können nicht nur Grundlagen für zum Beispiel Bratlinge sein, sondern machen sich gekonnt zubereitet auch gut auf dem Brot. Nüsse, Kerne und Samen lassen sich sortenrein zu feinen Musen oder in Kombination mit anderen Zutaten zu glatten Cremes pürieren und pikant oder süß würzen. Hülsenfrüchte sind nicht nur schmackhaft und gesund, sondern auch wunderbar wandelbar, sodass sich daraus nicht nur pikante, sondern auch süße Aufstriche zubereiten lassen. Tofu liebe ich, weil mit ihm, kulinarisch gesehen, so gut wie alles geht. Von daher ist es nicht verwunderlich, dass Naturtofu und Räuchertofu auch in Sachen Aufstriche ganz vorn mit dabei sind.

Süße Aufstriche aus frischen oder getrockneten Früchten können Sie durch Erhitzen zubereiten, müssen es aber nicht: Kalt gerührte Fruchtaufstriche sind in null Komma nichts fertig. Wenn Sie die notwendigen Zutaten im Haus haben, können Sie ein Familienmitglied zum Bäcker schicken und in der Zwischenzeit einen frischen Aufstrich fürs Frühstück anrühren. Herrlich duftender Kaffee oder Tee, knusprige Brötchen und ein süßer, von Ihnen selbst zubereiteter Aufstrich: Gibt es einen besseren Start in den Tag?

Damit Sie bei den mehr als 100 in diesem Buch vorgestellten Aufstrichen den Überblick behalten, habe ich die pikanten Aufstriche nach ihrer jeweiligen Basis geordnet. So gibt es Aufstriche auf Gemüsebasis und auf Getreidebasis, auf der Grundlage von fein gemahlenen Nüssen, Kernen und Ölfrüchten, auf der Basis von zerkleinerten Hülsenfrüchten und solche, die als Grundlage Tofu oder ein anderes Sojaprodukt haben. Für alle Schleckermäuler gibt es süße Aufstriche sowie gekochte Marmeladen und Gelees. So können Sie in den entsprechenden Kapiteln schnell das finden, wonach Sie suchen und worauf Sie Appetit haben. Wenn Sie dann die notwendigen Zutaten und Arbeitsgeräte bereitstellen und den Anweisungen in den Rezepten folgen, läuft bestimmt alles wie geschmiert.

KLEINE WARENKUNDE

Vielleicht stoßen Sie beim Lesen der Rezepte ab Seite 36 auf Zutaten, die Sie noch nicht kennen oder mit deren Handhabung Sie wenig vertraut sind. Deshalb möchte ich Ihnen im Folgenden in einer kleinen Warenkunde erklären, wie Sie bestimmte Zutaten, von Agar-Agar bis Tofu, handhaben und verwenden können und was Sie dabei beachten sollten.

AGAR-AGAR

Agar-Agar ist ein rein pflanzliches Gelier- und Bindemittel, das vorwiegend aus Rotalgen gewonnen wird und eine um ein Vielfaches höhere Gelierkraft als Gelatine hat. Es lässt sich gleichermaßen gut in süßen wie auch pikanten Speisen verarbeiten, da seine Fähigkeit, abzubinden und zu gelieren, nicht von bestimmten Zutaten wie Zucker abhängt.

Agar-Agar wird vorwiegend in Pulverform angeboten und ist im Reformhaus, im Naturkostfachhandel wie auch in gut sortierten Supermärkten erhältlich. Manche Anbieter dosieren in kleine Beutelchen, wobei meist ein Beutelinhalt von 10 g zum Gelieren von 500 ml Flüssigkeit reicht. Bei lose verpacktem Agar-Agar-Pulver reicht in der Regel 1 gestrichener TL für 500 ml Flüssigkeit. Da die Gelierfähigkeit des Agar-Agars von Anbieter zu Anbieter schwanken kann, sollte man vor der Verwendung die Empfehlungen des Herstellers lesen. Da Agar-Agar jedoch geschmacksneutral ist, kann man problemlos etwas höher dosieren, wenn man in der Menge unsicher ist.

Weil Agar-Agar beim Einrühren in heiße Flüssigkeiten klumpen kann, sollte man es vorher in etwas kaltem Wasser oder Zitronensaft auflösen und dann unter kräftigem Rühren zur heißen Speise oder Flüssigkeit in den Topf geben. Damit es seine Gelierkraft entfalten kann, muss die Speise nach dem Einrühren mindestens 2 Minuten sprudelnd kochen – dabei das Rühren nicht vergessen. Sollte das Agar-Agar trotz vorherigen Auflösens in Wasser oder Zitronensaft beim Aufkochen hartnäckige Klümpchen bilden, hilft es, den Topf kurz vom Herd zu nehmen und die Speise mit dem Pürierstab zu bearbeiten. Dadurch lösen sich die Klümpchen auf und das Agar-Agar kann seine volle Gelierkraft entfalten. Ein Nachteil bei diesem Verfahren ist, dass zum Beispiel Marmelade dann nicht mehr stückig, sondern fein püriert ist. Ich persönlich ziehe allerdings eine pürierte und perfekt gelierte Marmelade einer Fruchtmasse vor, die nicht abbinden wollte und deshalb unschön vom Löffel tropft.

Erst durch Abkühlen werden mit Agar-Agar zubereitete Speisen fest. Planen Sie bei der Zubereitung also mindestens 5 Stunden, besser eine ganze Nacht, als Wartezeit ein, bevor Sie zum Beispiel eine mit Agar-Agar gebundene Marmelade aufs Brot streichen. Wenn Sie die Marmelade zum Sonntagsfrühstück servieren möchten, sollten Sie sie am besten schon am Samstagnachmittag oder Samstagabend zubereiten.

Um zu testen, ob das Agar-Agar nach dem sprudelnden Kochen tatsächlich bindet, sollten Sie eine Gelierprobe machen: Geben Sie einen kleinen Teller ins Gefrierfach und lassen Sie ihn etwa 10 Minuten durchkühlen. Geben Sie 1 bis 2 TL der frisch gekochten, heißen Zubereitung auf den kalten Teller. Die Probe sollte innerhalb von 2 bis 3 Minuten befriedigend gelieren. Geliert sie ungenügend, verrühren Sie nochmals 1 bis 1½ TL Agar-Agar mit 3 bis 4 EL kaltem Wasser und geben Sie es zur Speise in den Topf. Lassen Sie alles nochmals mindestens 2 Minuten sprudelnd kochen und wiederholen Sie die Gelierprobe. Nun sollte es funktionieren.

Fast alle Marmeladen und Gelees in diesem Buch werden mit Agar-Agar gebunden. Fruchtaufstriche, die mit Agar-Agar gebunden werden, haben den Vorteil, dass sie mit weniger Zucker als »normale« mit Gelierzucker oder Pektin gelierte Marmeladen und Gelees auskommen können. Mit Ausnahme des Zitronengelees von Seite 151 können Sie die Zuckermengen bei den Rezepten ab Seite 140 nach Ihrem Geschmack noch weiter reduzieren.

Ein kleiner Nachteil ist jedoch, dass ein geringer Zuckergehalt meist mit einer kurzen Haltbarkeit einhergeht, falls die fertig abgefüllte Zubereitung im Anschluss nicht zusätzlich durch Einkochen sterilisiert wird. Mit wenig Zucker zubereitete Fruchtaufstriche sollten daher in kleinen Mengen hergestellt und innerhalb eines kurzen Zeitraums verzehrt werden. Werden die Gläser vorher gründlich gereinigt beziehungsweise sterilisiert und sorgsam befüllt (siehe ab Seite 24), können Sie von einer Haltbarkeit von etwa 3 Monaten ausgehen. Verwenden Sie anstelle eines großen Glases besser mehrere kleine Gläser. Lagern Sie die Gläser nach dem Abkühlen im Kühlschrank und verbrauchen Sie angebrochene Fruchtaufstriche zügig. Überprüfen Sie regelmäßig, ob sich Schimmel an der Oberfläche oder am Rand gebildet hat.

Aus den meisten Obstarten lassen sich Aufstriche mit Agar-Agar problemlos zubereiten. Vor allem größere Mengen Zitronensaft gelieren mit Agar-Agar jedoch schlecht oder gar nicht. In diesem Fall ist es besser, auf ein anderes Geliermittel oder auf Gelierzucker zurückzugreifen. Auch bei sehr sauren Früchten wie manchen Johannisbeeren, Stachelbeeren oder Quitten kann es mitunter Probleme beim Gelieren geben. In diesen Fällen hilft es, wenn man die sauren Früchte mit süßem Obst (Süßkirschen, Erdbeeren, Ananas, Melonen, Aprikosen, Bananen) kombiniert.

AGAVENDICKSAFT

Agavendicksaft ist ein natürliches Süßungsmittel, das aus dem Pflanzensaft der Agave gewonnen wird. Das ursprüngliche Verbreitungsgebiet der Agave hat seinen Schwerpunkt in Südmexiko. Dort wird ihr Saft schon lange von Menschen genutzt. Zur Saftgewinnung wird der mittig aus der Blattrosette der Pflanze gewachsene Blütenstand vor dem Verblühen abgeschnitten und der austretende Saft in der Wunde der Pflanze gesammelt, gefiltert und eingedickt, bis eine siruppartige Konsistenz erreicht ist.

Agavendicksaft hat eine hohe, neutrale Süßkraft und löst sich gut in kalten wie auch warmen Speisen. Es gibt ihn in unterschiedlichen Farben: hell und fast durchsichtig, bernsteinfarben und dunkel. Je dunkler der Agavendicksaft ist, desto kräftiger sind sein Geschmack und das Karamellaroma.

AHORNSIRUP

Ahornsirup wird vor allem in Kanada und in den nördlichen Bundesstaaten der USA gewonnen. Dazu werden von Ende Februar bis in den April vor allem die Bäume des Zucker-Ahorns »angezapft«, das heißt mit einem Loch in der Rinde versehen, aus dem der Pflanzensaft tropft, den der Baum von den Wurzeln in seine Knospen transportiert. Um 1 Liter Ahornsirup zu gewinnen, benötigt man 40 bis 50 Liter Pflanzensaft, die ein Baum in etwa zwei Wochen liefern kann. Der Saft wird eingekocht, bis der entstehende Sirup einen Zuckergehalt von etwa 60 Prozent hat. Beim Eindicken erhält der Sirup eine goldbraune Farbe und das typische Aroma.

COUSCOUS UND BULGUR

Die kleinen Getreidekügelchen des Couscous und Bulgurs können nicht nur als Getreidebeilage, Salat oder zu Bratlingen verarbeitet werden, sondern eignen sich auch bestens als Basis für Aufstriche.

Couscous ist ein Grundnahrungsmittel der nordafrikanischen Küche und wird aus dem Grieß von Weizen, Gerste oder Hirse hergestellt: Das zu Grieß gemahlene Getreide wird zu kleinen Kügelchen gerollt, vorgegart und getrocknet. Bei uns sind meist küchenfertige Produkte aus Hartweizen erhältlich, die man in kochend heißes, leicht gesalzenes Wasser einrührt und danach kurz ausquellen lässt.

Bulgur wird in den Küchen des Nahen und Mittleren Ostens häufig verwendet und meist aus Hartweizen hergestellt. Die Körner werden eingeweicht, gedämpft, getrocknet und dann zu Schrot vermahlen. Wie Couscous muss Bulgur nur im heißen Wasser quellen und braucht nicht lange gekocht zu werden.

EDELHEFEFLOCKEN

Edelhefeflocken oder Nährhefeflocken sind ein wichtiger Bestandteil der veganen Küche. Die dafür verwendete Nährhefe wird auf einer Nährlösung aus Melasse gezüchtet, dann durch Hitze inaktiviert und durch Walzentrocknung in die typische Flockenform gebracht. Edelhefeflocken enthalten einen hohen Anteil an Vitaminen des Vitamin-B-Komplexes und schmecken mild würzig, sodass sie sowohl zur Aufwertung des Nährwerts als auch als Würzmittel genutzt werden können. In der Küche verfeinern Edelhefeflocken Suppen, Saucen, Salate, Gemüse, herzhafte Gerichte und natürlich Aufstriche durch ihren würzigen, leicht an Käse erinnernden Geschmack. Außerdem eignen sich die kleinen, zartgelben Flocken gut, um flüssige Speisen wie Suppen, Saucen, Dips und Dressings zu binden.

Wenn Sie keine Edelhefeflocken zum Würzen verwenden möchten, können Sie diese Zutat weglassen und sollten die betreffenden Aufstriche mit etwas mehr Kräutersalz oder Meersalz abschmecken. Beim Andicken von Speisen können Sie anstelle von 2 EL Edelhefeflocken 1 EL fein gemahlenes Maismehl verwenden.

GERÖSTETES KICHERERBSENMEHL

Geröstetes Kichererbsenmehl wird aus den geschälten, halbierten und gerösteten Samen der vor allem in Indien, Pakistan und der Türkei angebauten Kichererbse hergestellt. Es hat einen zarten, etwas nussigen Geschmack und kann zum Binden von kalten wie auch warmen Speisen verwendet werden.

HIRSE

Hirse enthält viele Mineralstoffe und Spurenelemente und ist glutenfrei. In der Küche ist das leicht nussig schmeckende Getreide äußerst vielseitig verwendbar, weshalb es auch in der veganen Aufstriche-Küche nicht fehlen darf.

Vor dem Kochen werden die Hirsekörner heiß gewaschen. Im Anschluss lässt man die abgetropften Körner mit etwa der dreifachen Menge Wasser oder Gemüsebrühe kurz aufkochen, reduziert dann die Kochtemperatur und lässt die Hirse unter gelegentlichem Rühren gut 20 Minuten köchelnd quellen. Sollte die Hirse zum Ende der Kochzeit am Topfboden ansetzen, fügt man noch etwas Wasser oder Gemüsebrühe hinzu.

HÜLSENFRÜCHTE

Hülsenfrüchte – die getrockneten Samen von Bohnen, Erbsen, Kichererbsen und Linsen – spenden nicht nur wertvolles Eiweiß, Vitamine und Energie, sondern lassen sich gerade in der veganen Aufstriche-Küche vielseitig einsetzen. Um weich und genießbar zu werden (im rohen Zustand enthalten sie Giftstoffe), müssen Hülsenfrüchte gekocht werden. Vor dem Kochen sollten sie – mit Ausnahme der Linsen – etwa 12 Stunden in der dreifachen Menge Wasser einweichen. Danach gießt man das Einweichwasser für eine bessere Bekömmlichkeit ab. Gut gequollene Hülsenfrüchte benötigen zum Garen wenig Kochwasser, sodass es ausreicht, sie zum Kochen nur leicht mit Wasser zu bedecken und bei geringer Temperatur zu garen. Salz oder salzhaltige Würzmittel sowie säurereiches Gemüse wie Tomaten sollten immer erst zum Ende der Garzeit zugegeben werden, weil sie den Garprozess verzögern.

Nach dem Einweichen benötigen Hülsenfrüchte im normalen Topf folgende Kochzeiten: weiße Bohnen etwa 60 Minuten, Kichererbsen 30 bis 45 Minuten, braune Tellerlinsen (Einweichen nicht nötig) etwa 45 Minuten, grüne Linsen (Einweichen nicht nötig) 25 bis 30 Minuten.

In einem Schnellkochtopf sind Hülsenfrüchte deutlich schneller gar. Bei dieser Garmethode sollten sie immer kalt und ohne vorheriges Einweichen aufgesetzt werden. Weil sie stark schäumen können, sollten sie im offenen Topf zum Kochen gebracht und vor dem Schließen des Topfes abgeschäumt werden. Wichtig ist auch, den Schnellkochtopf immer nur halb zu füllen!

Aufgrund der langen und damit energieintensiven Garzeiten von Hülsenfrüchten empfiehlt es sich, größere Mengen auf einmal zu kochen. Nach dem Kochen und Abkühlen können sie problemlos 3 bis 4 Tage im Kühlschrank aufbewahrt oder für die längere Vorratshaltung eingefroren werden. Zum Einfrieren gibt man die frisch gekochten Hülsenfrüchte in einen Durchschlag, spült sie mit klarem Wasser ab und lässt sie sehr gut abtropfen. Portionsweise in Gefrierbeutel oder tiefkühlgeeignete Kunststoffdosen gefüllt, bleiben gekochte Hülsenfrüchte etwa 8 Wochen im Tiefkühlgerät schmackhaft.

In den Rezepten ab Seite 36 werden sowohl rohe Hülsenfrüchte, die Sie zur Zubereitung des jeweiligen Aufstrichs noch kochen müssen, als auch fertig gekochte Hülsenfrüchte verwendet.

Bitte lassen Sie tiefgekühlte, fertig gekochte Hülsenfrüchte über Nacht im Kühlschrank auftauen. Spülen Sie die Samen danach kurz mit klarem Wasser ab und lassen Sie sie gut abtropfen. Dann können Sie wie im Rezept beschrieben weiterverfahren.

Wenn Sie nur rohe Hülsenfrüchte haben und einen Aufstrich kochen möchten, in dem gekochte Hülsenfrüchte in der Zutatenliste stehen, rechnen Sie die Menge einfach um: Gegarte Hülsenfrüchte wiegen etwa zweieinhalb Mal so viel wie rohe Hülsenfrüchte. So entsprechen beispielsweise 250 g gekochte Bohnen etwa 100 g getrockneten Bohnen.

Wenn es einmal schnell gehen soll, können Sie auch auf fertig gekochte Hülsenfrüchte aus Glas oder Dose zurückgreifen. Dort kann es besonders wichtig sein, auf Bioqualität zu achten: Bei Bioprodukten kommen nur gekochte Hülsenfrüchte mit Wasser und etwas Salz in die Konserve – ohne Zusatz von Zucker und künstlichen Aromastoffen.

JOHANNISBROTKERNMEHL

Johannisbrotkernmehl ist ein Bindemittel aus den gemahlenen Samen des Johannisbrotbaums. Das feine Pulver kann zum Binden von warmen und kalten Speisen verwendet werden. Es wird im Handel mit unterschiedlichen Bezeichnungen angeboten. Bitte beachten Sie beim Gebrauch auch die Mengenangaben des jeweiligen Herstellers.

KOKOSMILCH

Kokosmilch ist nicht nur in asiatischen Küchen beliebt, sondern kann mit duftig feinem Aroma und cremiger Konsistenz auch süße wie herzhafte Aufstriche verfeinern.

Um Kokosmilch herzustellen, wird das Fruchtfleisch der Nuss mit mehr oder weniger Wasser zerkleinert und in einer Mühle ausgepresst. Anschließend wird die Kokosmilch ultrahocherhitzt und meist in Dosen oder Tetrapacks abgefüllt. Wegen des hohen Fettgehalts trennen sich Fett und Wasser nach einer gewissen Zeit in der Verpackung. Dies merkt man beim Öffnen der Konserve an der dickflüssigen »Sahne«, die sich oben abgesetzt hat, und am milchigen Wasser im unteren Teil der Dose. Dies ist ein natürlicher Prozess und kein Hinweis auf ein minderwertiges Produkt. Damit die Kokosmilch wieder schön homogen wird, rührt man sie vor der Verwendung kurz durch.

Verwenden Sie vorzugsweise Kokosmilch aus ökologischem Anbau. Kokosmilch in Bioqualität ist frei von zugesetzten Emulgatoren, Verdickungsmitteln, Zucker und künstlichen Aromen. Füllen Sie nicht aufgebrauchte Kokosmilch aus der Konserve in ein Schraubglas mit Deckel um, lagern Sie das Glas im Kühlschrank und verbrauchen Sie die Kokosmilch innerhalb von 2 bis 3 Tagen.

KOKOSÖL

Das weiße oder weißgelbliche Kokosöl oder auch Kokosfett wird aus dem frischen oder getrockneten Fruchtfleisch der Kokosnuss gepresst. Es ist bei Raumtemperatur und darunter – also auch im Kühlschrank – fest, ab etwa 25 °C wird es flüssig und nahezu durchsichtig und klar.

In der Küche wird Kokosöl vor allem für das Kochen, Braten und Frittieren bei sehr hohen Temperaturen eingesetzt, weil sein Rauchpunkt – die Temperatur, bei der ein Öl deutlich sichtbar und gesundheitsschädlich zu rauchen beginnt – mit etwa 190 °C sehr hoch liegt und das Öl dadurch sehr hitzestabil ist. Andererseits ist es im Gegensatz zu den meisten anderen Ölen bei Raumtemperatur fest, sodass es sich auch gut für Aufstriche oder Speisen eignet, bei denen eine etwas festere Konsistenz erwünscht ist.

Wie bei anderen pflanzlichen Ölen gibt es auch beim Kokosöl große Qualitätsunterschiede. Qualitativ hochwertiges natives Kokosöl – welches Sie unbedingt verwenden sollten – wird aus Kokosnüssen aus ökologischem Anbau gewonnen. Das frische Fruchtfleisch der Kokosnuss wird hierfür zerkleinert und bei niedrigen Temperaturen gepresst. Das Kokosöl setzt sich anschließend von den wässrigen Bestandteilen der ausgepressten Flüssigkeit ab.

Stärker verarbeitetes und raffiniertes Kokosöl wird aus dem getrockneten Fruchtfleisch (Kopra) gepresst und ist meist minderwertiger als natives Kokosöl. Um unerwünschte Geschmacksstoffe, Farbstoffe und Geruchsstoffe zu entfernen, wird dieses Öl bei konventioneller Herstellung nach der Pressung meist entschleimt, gebleicht, desodoriert sowie teilweise mit Wasserstoff gehärtet, wodurch ungesunde trans-Fettsäuren entstehen können.

Aufstriche, die mit nativem Kokosöl angerührt wurden, sollten etwa 30 Minuten vor dem Servieren aus dem Kühlschrank genommen werden. Dann lassen sie sich gut auf dem Brot oder Brötchen verteilen.

MANDELN

Mandeln sind kleine wohlschmeckende Kraftpakete, die viele wertvolle Vitamine wie Folsäure und Niacin sowie Mineralstoffe wie Magnesium, Kalium, Kalzium und Zink enthalten. Es spricht also viel dafür, Mandeln auch für Aufstriche zu verwenden. Hierbei kommen vor allem die enthäuteten Mandeln zum Einsatz.

Damit sich die braunen Häutchen leicht von den hellen Samen lösen, müssen die Mandeln vorher in heißem Wasser ziehen. Dazu gibt man die Mandeln in einen Topf mit kochendem Wasser, lässt sie kurz aufkochen und ziehen, gießt sie danach in einen Durchschlag, spült sie mit kaltem Wasser ab und lässt sie abtropfen. Dann können die Mandeln leicht aus den Häutchen gedrückt werden. Bevor man sie hackt oder mahlt, sollten sie trocknen. Alternativ gibt man die ungehäuteten Mandeln in eine Schüssel, übergießt sie mit kochend heißem Wasser und lässt sie etwa 10 Minuten ziehen. Danach verfährt man wie bei der ersten Methode.

SESAMMUS

Sesammus (Tahin) ist eine beliebte Zutat der arabischen Küche und wird aus schonend gerösteten und danach fein gemahlenen Sesamsamen hergestellt. Die Samen können ungeschält oder geschält sein. Das aus ungeschälten Sesamsamen hergestellte Tahin ist dunkler, etwas zähflüssiger und bitterer im Geschmack als das aus geschälten Samen. Sesammus aus geschälten Samen ist heller und geschmacklich mild.

Da Sesammus ohne Zusatz von Emulgatoren oder Stabilisatoren hergestellt wird, kann sich das sesameigene Öl bei der Lagerung auf der Oberfläche absetzen. Durch kräftiges Rühren wird das Mus wieder homogen und cremig.

Sesammus findet in der veganen Aufstriche-Küche vielseitig Verwendung. Es kann Basis für cremige Aufstriche sowie Würzmittel sein. Dabei ist es nicht nur wohlschmeckend, sondern auch wohltuend, weil es viele Vitamine des Vitamin-B-Komplexes sowie viel Kalzium enthält.

Sesammus ist im Naturkostfachhandel, Reformhaus, in türkischen Geschäften wie auch im normalen Supermarkt abgefüllt im Glas erhältlich.

Wenn Sie eine leistungsstarke Küchenmaschine oder einen Standmixer mit starkem Motor haben, können Sie Sesammus leicht selbst herstellen: Dazu röstet man 200 g geschälte oder ungeschälte Sesamsamen vorsichtig in der trockenen Pfanne. Wenn die Samen abgekühlt sind, gibt man sie mit 4 bis 5 EL Sesamöl oder Sonnenblumenöl in den Mixbehälter und mahlt alles zu einer feinen Paste.

TOFU

Naturtofu lässt sich enorm vielseitig für süße wie auch pikante Aufstriche verwenden. Damit er den gewünschten Geschmack gut annimmt, sollte man ihn vor der Verwendung kurz mit klarem Wasser abspülen, danach in etwas Küchenpapier einschlagen und das überschüssige Wasser vorsichtig mit den Händen auspressen. Dann ist er fertig, um beispielsweise püriert und mit weiteren Zutaten vermengt zu werden.

Für Räuchertofu wird Tofu meist über Buchenholz geräuchert, wodurch er ein sehr würziges Aroma annimmt. Er sollte im Gegensatz zu Naturtofu nicht mit Wasser abgespült, sondern nur kurz mit Küchenpapier abgetupft werden.

Der milde Seidentofu erinnert in seiner Konsistenz an Speisequark und kann ebenfalls gut für herzhafte wie auch süße Speisen verwendet werden. Vor der Verarbeitung sollte man die Flüssigkeit abgießen.

NÜTZLICHES HANDWERKSZEUG IN DER AUFSTRICHE-KÜCHE

Damit beim Zubereiten der pikanten und süßen Aufstriche alles leicht und schnell von der Hand geht, benötigen Sie einige Küchenwerkzeuge und Geräte. Doch keine Sorge: Zum Nachkochen der vorgestellten Rezepte müssen Sie nicht in eine komplett neue Küchenausstattung investieren. Das meiste, was in der veganen Aufstriche-Küche notwendig ist, wird sich in Ihrer Küche wahrscheinlich finden. Sie benötigen:

- Töpfe und Pfannen in unterschiedlichen Größen, um Gemüse, Hülsenfrüchte, Getreide und Obst anzuschwitzen, zu kochen oder zu schmoren. Ein Schnellkochtopf spart beim Kochen von Kartoffeln, Gemüse sowie insbesondere von Hülsenfrüchten und Getreide Zeit und Energie.
- Mindestens ein ausreichend großes und stabiles (Holz-)Schneidebrett, um Gemüse, Kräuter und Obst zu zerkleinern sowie Nüsse und Mandeln grob zu hacken.
- Ein Universalkochmesser, ein Küchenmesser oder Gemüsemesser und ein Schälmesser zum Schneiden und Zerkleinern von Obst, Kräutern und Gemüse.
- Eine Küchenwaage, um die Zutaten genau abzuwiegen. Besonders praktisch ist eine Küchenwaage mit Zuwiegefunktion, bei der der Zeiger der Skala immer wieder auf null gestellt werden kann.
- Einen Messbecher, um Flüssigkeiten genau abzumessen und zu dosieren.
- Unterschiedlich große Schüsseln aus Edelstahl, Glas, Keramik oder Kunststoff, um die Zutaten vorzubereiten und zu mischen.
- Eine Allzweckreibe, um Gemüse in hauchdünne Scheiben zu hobeln oder zu reiben. Platzsparend und standfest sind hochwertige Vierkantreiben aus rostfreiem Edelstahl, die vier Funktionen, nämlich Hobeln, grobes Reiben sowie feines und sehr feines Reiben, in sich vereinen.
- Ein großes Küchensieb oder Abtropfsieb, in dem gewaschenes Obst und Gemüse, gequollene Mandeln, Nüsse und Kerne, in Wasser oder Brühe gekochtes Getreide, Gemüse und Hülsenfrüchte abtropfen können. Um Mehl oder Johannisbrotkernmehl in Speisen zu sieben, benötigt man ein kleines, feinmaschiges Sieb.
- Einen standfesten, stabilen Mörser mit Stößel, um kleinere Mengen Gewürze, Kräuter, Knoblauch sowie Samenkörner – zum Beispiel Sesamsamen und Mohnsamen – fein zu zerstoßen.
- Eine Knoblauchpresse, um einzelne Zehen mühelos zu zerdrücken.

- Einen Marmeladentrichter, der das Umfüllen der heißen Marmelade vom Topf in die Gläser erleichtert.
- Saubere Geschirrtücher und saugfähiges Küchenpapier.

So weit, so gut. Da in der veganen Aufstriche-Küche viele Zutaten fein zerkleinert, fein gemahlen, zermust oder püriert werden, sind neben den genannten Geräten zwei weitere Geräte sehr praktisch: ein Pürierstab sowie eine Küchenmaschine oder ein elektrischer Standmixer.

PÜRIERSTAB

Gäbe es den Pürierstab nicht, müsste man ihn glatt erfinden! Mithilfe seiner aus gehärtetem Edelstahl gefertigten, bei Betrieb schnell rotierenden Messer im Stabfuß lassen sich Obst, Gemüse, gekochte Hülsenfrüchte und gekochtes Getreide sowie Tofu in Sekundenschnelle zerkleinern oder pürieren. Danach ist der Pürierstab schnell gereinigt und platzsparend verstaut.

Das Gerät sollte für ein gutes Ergebnis einen leistungsstarken Elektromotor und mindestens zwei Leistungsstufen haben. Qualitativ hochwertige Geräte machen auch beim Zerkleinern von nicht zu großen Mengen Nüssen, Mandeln und Kernen nicht schlapp, sodass der Pürierstab dort gut die Küchenmaschine ersetzen kann. Besonders praktisch sind solche Geräte, an die zusätzlich ein sogenannter Universalzerkleinerer angeschlossen werden kann. Im Universalzerkleinerer sind frische Kräuter, Zwiebeln, Knoblauch und auch Nüsse im Nu zerhackt.

Sollte eine Menge für das Pürieren in einer Portion zu groß sein, hilft es, sie in zwei oder mehr Portionen aufzuteilen und nacheinander zu pürieren. Meist genügt es, wenn Sie etwas zusätzliche Flüssigkeit wie Wasser, Gemüsebrühe, Getreidedrink, Nussmilch, Sojadrink oder Öl hinzufügen. Mandeln, Cashewnüsse, Sonnenblumenkerne oder Datteln lassen sich zudem leichter zerkleinern, wenn sie zuvor etwa 4 Stunden in Wasser quellen konnten.

KÜCHENMASCHINE UND STANDMIXER

Bei der Verarbeitung größerer Mengen oder auch sehr harter Nüsse, Kerne und Samen kommt der Pürierstab oft an seine Grenze. Für diesen Fall lohnt sich eine zusätzliche Universalküchenmaschine. Im Mixbehälter dieses Gerätes mit seinen rotierenden Schlagmessern ist viel Platz, sodass bei der Zubereitung oft alle Zutaten auf einmal in den Behälter gegeben und in Sekundenschnelle zerkleinert oder püriert werden können. Danach sind die Messer sowie der Behälter meistens schnell wieder gesäubert oder können in der Spülmaschine gereinigt werden. Zur Basisausstattung einer guten Küchenmaschine gehören meist noch ein Teigkneter sowie Einsätze zum Schneiden, Raspeln und Reiben, die im Küchenalltag sehr hilfreich sind.

Eine Alternative oder Ergänzung zur Küchenmaschine ist ein leistungsstarker und robuster Standmixer oder Blender. Dieser besteht meist aus zwei Teilen: Im Standfuß ist der Elektromotor untergebracht, der in verschiedenen Geschwindigkeiten betrieben werden kann. Auf den Standfuß wird ein nach unten flüssigkeitsdicht abgeschlossener, aus Edelstahl, Glas oder transparentem Kunststoff gefertigter Behälter gesetzt. Auf dem Boden des Behälters befinden sich Messer, die durch den Elektromotor angetriebenen werden und bei Betrieb schnell rotieren. Dadurch werden flüssige und halbfeste, bei leistungsstarken Geräten auch harte oder gefrorene Zutaten blitzschnell gemischt und püriert.

Wie bei Küchenmaschinen gibt es auch bei Standmixern erhebliche Qualitätsunterschiede. Ein hochwertiges Gerät erkennen Sie daran, dass es einen stärkeren Motor, eine stabilere Kupplung und stabilere Messer als ein Billiggerät hat.

Falls Ihre Küchenmaschine oder Ihr Standmixer beim Zerkleinern von Zutaten an ihre oder seine Grenzen kommt, hilft es, entweder die Zutaten in mehreren Portionen zu verarbeiten oder etwas zusätzliche Flüssigkeit hinzuzufügen.

ALLES SAUBER!

Damit die pikanten und süßen Aufstriche aus der eigenen Küche nicht nur direkt nach ihrer Zubereitung, sondern auch noch zwei, drei oder mehr Tage danach gut schmecken und gut tun, sollten Sie bei der Zubereitung und beim Abfüllen auf penible Sauberkeit achten. So können Sie verhindern, dass sich unappetitliche und schädliche Mikroorganismen wie Schimmel und Fäulnisbakterien vorzeitig breitmachen und ein Aufstrich nicht wie geplant aufs Brot gestrichen werden kann, sondern entsorgt werden muss.

Diese Hygiene beginnt schon bei der Auswahl der Zutaten. Um Schimmel und Keimen von vornherein möglichst wenig Einfallstore zu bieten, sollte nur einwandfreies Obst und Gemüse verwendet werden. Dieses wird unter fließendem Wasser abgespült oder in einer großen Schüssel mit Wasser gründlich gewaschen. Ein halber Teelöffel Natron im Wasser erhöht die Reinigungsintensität. Im Anschluss wird das Gemüse und Obst gut trockengetupft. Selbstverständlich sollten auch die verwendeten Messer, Schneidebretter und andere benötigte Küchenutensilien immer picobello sauber sein und während der Arbeit mehrmals unter heißem Wasser abgespült werden.

AB, AB INS GLAS ODER DÖSCHEN

Die fertigen Aufstriche füllt man am besten in strahlend saubere Schraubgläser oder kleine Kunststoffdosen mit Deckel. Ich ziehe Glas dem Kunststoff vor, weil erstens die Ökobilanz von Glas meist besser ist als die von Kunststoff und man zweitens bei durchsichtigem Glas auf den ersten Blick erkennt, was darin enthalten ist.

Egal, ob man sich für Glas oder Kunststoff entscheidet – wenn man heiße Aufstriche einfüllen möchte, ist unbedingt darauf zu achten, dass die Behälter hitzebeständig sind. Scherben von gesprungenem Glas oder Verformungen im Kunststoff bringen in diesem Fall kein Glück! Wichtig ist auch, dass sich Deckel von Kunststoffdosen fest aufsetzen lassen und den Inhalt sicher verschließen. Bei einem Schraubglas sollte man Glasrand und Deckel einer kritischen Prüfung unterziehen: Der Glasrand sollte nicht abgesplittert oder anderweitig beschädigt sein. Bei einem Schraubdeckel muss die Gummierung im Inneren intakt sein. Außerdem sollte der Deckel nicht verfärbt oder zerkratzt sein.

Vor dem Einfüllen sollten die Gläser oder Kunststoffdosen gründlich gesäubert werden. Sollen die Aufstriche innerhalb der nächsten Tage verzehrt
werden, reicht es in der Regel, wenn man die Gläser oder Kunststoffdosen und
Deckel in heißem Wasser mit etwas Spülmittel reinigt. Nach dem Reinigen spült
man die Gefäße mit kochend heißem Wasser aus und stellt sie zum Abtropfen
mit den Öffnungen nach unten auf ein frisches Geschirrtuch. Werden die Aufstriche heiß abgefüllt, stellt man die Gefäße zum sofortigen Befüllen mit den
Öffnungen nach oben auf ein frisches, feuchtes Geschirrtuch – das feuchte
Tuch verhindert, dass Glas beim Einfüllen von heißen Speisen springt. Auch
die Deckel sollten mit heißem Wasser nachgespült werden. Das Abtrocknen mit
einem Geschirrtuch ist weder notwendig noch der Hygiene zuträglich, weil
dadurch wieder schädliche Bakterien ins Glas, in die Dose oder das Deckel-
innere gelangen können.

HITZE GEGEN BAKTERIEN

Marmelade kocht man zwar nicht für die Ewigkeit, aber durchaus mit dem
Ziel, die fruchtige Köstlichkeit für ein paar Wochen oder Monate sicher aufzu-
bewahren. Damit selbst gekochte und heiß abgefüllte Marmelade möglichst
lange schmackhaft bleibt, geht man am besten auf Nummer sicher und füllt
sie in sterilisierte Gläser.

Auch andere Aufstriche, die kochend heiß abgefüllt werden, lassen sich
dadurch länger aufbewahren. Gehen Sie beim Befüllen der Gläser in diesen
Fällen genauso vor wie beim Abfüllen heißer Marmeladen.

Das Sterilisieren geht einfach und benötigt nur wenig Zeit: Man gibt die
Gläser und Deckel in einen Topf mit Essigwasser (2 bis 3 EL Essig auf 1 Liter
Wasser genügen), sodass sie ganz von diesem bedeckt sind, bringt das Wasser
zum Kochen und lässt die Gläser und Deckel 5 bis 10 Minuten leicht kochen.
Danach kann man den Topf vom Herd nehmen. Die Gläser und Deckel sollten
bis zum Befüllen im Wasser bleiben. Um schmerzhafte Verbrennungen zu
vermeiden, nimmt man die heißen Gläser und Deckel am besten mit einer
Zange aus dem Topf, lässt sie kurz abtropfen und stellt sie zum Befüllen auf
ein feuchtes Geschirrtuch.

Eine weitere Möglichkeit, Gläser und Deckel keimfrei zu machen, ist, sie bei
150 °C etwa 15 Minuten in den Backofen zu stellen. Aus dem Ofen nimmt man
sie ebenfalls mit einer Zange und lässt sie vor dem Einfüllen der Marmelade
kurz abkühlen.

Füllt man kochend heiße Flüssigkeiten wie Marmelade in Gläser und setzt sofort die Deckel auf, bildet sich
ein Vakuum, das Mikroorganismen im wahrsten Sinne

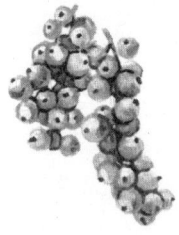

des Wortes den Sauerstoff zum Leben nimmt. Durch den Unterdruck schließen die Deckel außerdem luftdicht und sicher.

Das Vakuum entsteht, weil die Feuchtigkeit, die in der heißen Luft über dem Füllgut als Wasserdampf vorliegt, beim Abkühlen kondensiert, als Wasser in das Füllgut zurückkehrt und dem Luftraum somit entzogen wird. Dieser wird »leerer« und zum Vakuum. Je heißer also Glas und Füllgut sind, desto mehr Feuchtigkeit enthält die Luft und desto besser wird sich beim Abkühlen ein Vakuum bilden.

Wer möchte, kann die Gläser direkt nach dem Füllen und Schließen auf den Kopf stellen und 5 Minuten so stehen lassen. Für eine Verbesserung der Hygiene oder des Vakuums ist der »Kopfstand« nicht nötig. Im Gegenteil: Die Haltbarkeit kann – insbesondere bei beschädigtem Deckel oder Glasrand – durch den Kontakt von Füllgut mit Deckel oder Glasrand beeinträchtigt werden. Die Bewegung beim Drehen kann zudem den Prozess des Gelierens während des Abkühlens stören. Trotzdem gehört der »Kopfstand« für mich zu den »magischen Riten«, die zur Zubereitung bestimmter Speisen (hier Marmeladen und Gelees) gehören. »Magisch«, weil man im Endeffekt nicht hundertprozentig weiß, ob es wirklich nützlich ist. »Ritus«, weil es mich und auch viele meiner Kochkursteilnehmer daran erinnert, dass es die Oma, Tante oder Mutter ebenso handhabe, und ich es gern praktiziere.

Wer auf Nummer sicher gehen möchte, kann die gefüllten und verschlossenen Gläser im Einkochtopf oder Backofen im heißen Wasserbad im Anschluss zusätzlich sterilisieren. Dadurch verbessert sich gegebenenfalls auch die Haltbarkeit von Marmeladen, die wenig Zucker enthalten.

BESCHRIFTUNG UND LAGERUNG

Nach dem Befüllen sollten Sie auf keinen Fall das Beschriften vergessen. Sonst stehen Sie, insbesondere wenn Sie mehrere Aufstriche auf einmal zubereitet haben, vielleicht am nächsten Tag staunend vor dem geöffneten Kühlschrank und fragen sich, was denn was ist. Ein Etikett, auf dem Inhalt und Herstelldatum vermerkt sind, sorgt für Klarheit. Möchte man das Glas mit dem Aufstrich verschenken, ist ein hübsches Etikett sowieso Teil des liebevoll gestalteten Präsents.

Alle Aufstriche sollten nach der Zubereitung und gegebenenfalls dem Abkühlen auf Raumtemperatur im Kühlschrank aufbewahrt werden. Das gilt insbesondere für Aufstriche aus rohen Zutaten, für kalt abgefüllte Zubereitungen und alle angebrochenen Speisen. Auch heiß in sterilisierte Gefäße abgefüllte Aufstriche wie Marmeladen sollten möglichst im Kühlschrank aufbewahrt werden, sofern Platz dafür ist. Bei gekochten Marmeladen gilt dies vor allem für solche, die mit wenig Zucker hergestellt wurden. Wie lange ein Aufstrich im Einzelfall ungefähr haltbar ist, steht als Hinweis beim jeweiligen Rezept. Auf Seite 28 finden Sie außerdem eine Liste, in der die in diesem Buch vorgestellten Aufstriche nach ihrer jeweiligen Haltbarkeit geordnet sind.

Die meisten Aufstriche lassen sich für eine längere Haltbarkeit gut einfrieren. Besonders die aus vorwiegend gekochtem Getreide, gekochten Hülsenfrüchten, gekochtem Gemüse und anderen gekochten Zutaten hergestellten Aufstriche können, in frostbeständige Kunststoffdosen gefüllt, 6 bis 8 Wochen bei höchstens minus 18 °C im Tiefkühlgerät gelagert werden. Aufstriche, in denen größtenteils frisches Gemüse oder Obst sowie Tofu und Räuchertofu verarbeitet werden, sollten nicht länger als 3 Wochen im Tiefkühlgerät bleiben, weil sie sonst an Geschmack verlieren. Weil auch frische, fein gehackte Kräuter durch das Einfrieren an Aroma einbüßen, sollten Sie bei der Herstellung von Aufstrichen, die von vornherein für die längere Vorratshaltung im Tiefkühlgerät gedacht sind, die im Rezept vorgeschlagenen frischen Kräuter erst nach dem Einfrieren und schonenden Auftauen untermischen. Getrocknete Kräuter können dagegen mit den anderen Zutaten verarbeitet und eingefroren werden.

Nicht zum Einfrieren eignen sich Aufstriche, die Avocado oder Sojajoghurt enthalten. Avocados werden bei Kälte und beim Kochen schnell bitter. Als Aufstrich verarbeiteter Sojajoghurt kann nach dem Einfrieren und Auftauen mitunter leicht »wässrig« sein. Besser ist es, diese Aufstriche schnell und ohne Zwischenlagerung im Tiefkühlgerät zu verbrauchen. Alle tiefgefrorenen Aufstriche sollten schonend im Kühlschrank aufgetaut und vor dem Servieren kurz durchgerührt werden.

Damit Aufstriche sowie angebrochene Marmeladen und Gelees möglichst lange schmackhaft bleiben, entnehmen Sie einzelne Portionen bitte immer mit sauberem Besteck, und lassen Sie das Glas oder die Dose nicht unnötig lange außerhalb des Kühlschranks stehen.

Sollte ein Aufstrich trotz aller Sorgfalt verdorben riechen, unappetitlich verfärbt oder verschimmelt sein, sollten Sie ihn entsorgen, wenn Sie auf Nummer sicher gehen möchten.

HALTBARKEIT DER VORGESTELLTEN BROTAUFSTRICHE

Haltbarkeit	Rezepte
etwa 3 Monate	• Ananas-Bananen-Marmelade* (S. 141) • Aprikosen-Lavendel-Marmelade* (S. 142) • Erdbeer-Basilikum-Marmelade* (S. 143) • Kiwi-Minze-Marmelade* (S. 149) • Löwenzahnblütengelee* (S. 148) • Löwenzahnblütenhonig* (S. 146) • Orangen-Karotten-Marmelade* (S. 144) • Rhabarber-Orangen-Marmelade* (S. 150) • Zitronengelee mit Rosmarin* (S. 151)
mindestens 2 Wochen	• Erdnusscreme (S. 83) • Fixe Rote-Grütze-Marmelade (S. 145) • Mandelmus pikant (S. 77) • »Milch«-Karamell-Creme* (S. 135) • Schoko-Nuss-Creme (S. 136) • Süßes Mandelmus (S. 137) • Vanille-Haselnussmus (S. 139)
etwa 7 Tage	• Bohnen-Gemüse-Aufstrich (S. 102) • Grüne-Linsen-Zitronen-Aufstrich (S. 100) • Grüne-Schälerbsen-Apfel-Aufstrich (S. 104) • Indischer Rote-Linsen-Aufstrich (S. 105) • Kalt gerührtes Pflaumenmus (S. 131) • Linsen-Birnen-Aufstrich (S. 107) • Mohn-Sesam-Paste (S. 89) • Mohn-Zitronen-Creme (S. 88) • Paprika-Grünkern-Aufstrich (S. 64) • Rote Olivenpaste (S. 90) • Schwarze Olivenpaste (S. 91) • Sonnenblumen-Tomaten-Aufstrich (S. 95) • Würziger Grünkernaufstrich (S. 66)
bis 5 Tage	• Auberginen-Orangen-Aufstrich (S. 127) • Blumenkohl-Curry-Aufstrich mit Kichererbsenmehl (S. 101) • Bulgur-Brokkoli-Aufstrich (S. 55) • Carob-Linsen-Aufstrich (S. 132) • Couscous-Zucchini-Aufstrich (S. 54) • Griechischer Auberginenaufstrich (S. 113) • Hirse-Cashew-Aufstrich (S. 60) • Italienischer Paprikaaufstrich (S. 37) • Karotten-Kartoffel-Aufstrich* (S. 42) • Kürbiskernaufstrich (S. 87) • Lavendel-Haselnuss-Creme (S. 73) • Maismehlaufstrich mit italienischen Kräutern* (S. 62) • Maronen-Gemüse-Aufstrich (S. 43) • Pilz-Walnuss-Aufstrich (S. 78) • Rettich-Apfel-Aufstrich (S. 47) • Sahniger Kohlrabiaufstrich* (S. 49) • Süßkartoffel-Peperoni-Aufstrich (S. 50) • Würziger Zwiebel-Majoran-Aufstrich* (S. 97) • Zucchini-Hafer-Aufstrich* (S. 67)

*: heiß abgefüllte Aufstriche

Haltbarkeit	Rezepte	
bis 4 Tage	• Cashewcreme (S. 69) • Dinkelkörneraufstrich (S. 56) • Fixer Schoko-Hafer-Aufstrich (S. 130) • Gurkencreme mit Hirse und Walnüssen (S. 53) • Haselnuss-Tomaten-Aufstrich (S. 72) • Kartoffelcreme auf bayerische Art (S. 44) • Knoblauch-Kräuter-Streichcreme (S. 46) • Mandel-Minze-Creme (S. 76) • Mediterraner Macadamianuss-aufstrich (S. 74) • Mexikanischer Aufstrich (S. 109) • Milder Räuchertofu-Tomaten-Aufstrich (S. 116) • Nordischer Räuchertofuaufstrich (S. 117) • Nussmixaufstrich mit Apfel und Meerrettich (S. 75) • Orangen-Aprikosen-Aufstrich (S. 133) • Roggen-Rettich-Aufstrich (S. 63)	• Rote Bete-Feigen-Aufstrich (S. 48) • Schwarzer Teufelsaufstrich (S. 108) • Sesam-Knoblauch-Aufstrich (S. 93) • Sonnenblumen-Senf-Aufstrich (S. 94) • Streichcreme auf französische Art (S. 123) • Thailändischer Erdnussaufstrich (S. 96) • Tofu-Dattel-Nuss-Aufstrich (S. 138) • Tofu-Kürbiskern-Aufstrich (S. 124) • Tofu-Orangen-Curry-Aufstrich (S. 125) • Tomaten-Rosmarin-Hummus (S. 110) • Tomatenstreichcreme (S. 51) • Tomaten-Tofu-Aufstrich (S. 122) • Weiße-Bohnen-Walnuss-Creme (S. 111) • Zwiebel-Cashew-Aufstrich (S. 81)
bis 3 Tage	• Artischocken-Zitronen-Creme (S. 38) • Auberginenkaviar (S. 39) • Bananen-Mokka-Creme (S. 128) • Bananen-Nuss-Aufstrich (S. 129) • Drei-Minuten-Hummus (S. 99) • Fenchel-Apfel-Aufstrich mit Sonnenblumenkernen (S. 85) • Frühlings-»Quark«(S. 115) • »Hackepeter« auf Berliner Art (S. 58) • »Hackepeter« mediterran (S. 59)	• Haferflockenaufstrich (S. 57) • Joghurt-Tahin-Aufstrich (S. 84) • Karotten-Tahin-Aufstrich (S. 86) • Kräuter-Toast-Aufstrich (S. 61) • Kresse-Tofu-Aufstrich (S. 114) • Mango-Kokos-Aufstrich (S. 134) • Rote-Bohnen-Rucola-Aufstrich (S. 106) • Sahniger Tahinaufstrich (S. 92) • Sojaaufstrich nach Frischkäseart (S. 118) • Spinat-Cashew-Aufstrich (S. 79) • Tomaten-Walnuss-Creme (S. 80)
1 Tag	• Bunte Avocadocreme (S. 40)	• Feurige Avocadocreme (S. 41)

*: heiß abgefüllte Aufstriche

KLEINE GESCHENKE

Kleine Geschenke erhalten bekanntlich die Freundschaft, freuen aber nicht nur gute Freunde, sondern die meisten Beschenkten. Mir gefällt es ganz besonders gut, wenn sich jemand beim Schenken Gedanken macht, was mir gefallen, was ich vielleicht gerade brauchen oder was mir einfach gut tun könnte. Weil ich selbst viel Zeit in der Küche verbringe, mit Leidenschaft koche und gern neue Rezepte ausprobiere, finde ich es richtig schön, wenn mir jemand etwas aus seiner Küche mitbringt. Eine selbst gemachte und hübsch verpackte kulinarische Kleinigkeit macht mir mehr Freude und Appetit als die Pralinenpackung oder die Flasche Wein. Das Glas selbst gemachte Marmelade, das selbst zusammengerührte Pesto oder auch ein leckerer, herzhafter Aufstrich erhalten bei mir auf dem Tisch den absoluten Ehrenplatz!

Vielleicht möchten Sie, liebe Leserin, lieber Leser, auch etwas aus Ihrer Küche verschenken? Wie schön! Die in diesem Buch vorgestellten pikanten und süßen Aufstriche eignen sich nicht nur zum selbst Essen, sondern auch zum Verschenken und Freudemachen. Mit zum Beispiel einem herrlich cremigen Nussmus, einer auf der Zunge zergehenden Gemüsezubereitung, einer feurigen Kreation aus Peperoni und pürierten Hülsenfrüchten, einer streichzarten Getreidespezialität, einem herrlich süßen Fruchtaufstrich und verführerischen Schokoleckerbissen fürs Brot kann man ohne viele Worte zum Geburtstag gratulieren, einen kulinarischen Beitrag zum Frühstück, Brunch oder zur Brotzeit leisten, um Verzeihung bitten, Dankeschön oder einfach nur »Ich mag dich« sagen. Weil nicht nur Liebe, sondern auch Freundschaft und Wertschätzung durch den Magen gehen.

FIX ZUSAMMENGERÜHRT UND VERSCHENKT

Die folgende Situation ist Ihnen vielleicht bekannt: Sie kommen abends später als geplant von der Arbeit heim, alle Geschäfte sind bereits geschlossen und eine unerwartete Einladung flattert ins Haus. Oft erweist sich in diesem Fall die nächstgelegene Tankstelle als Retterin in der »Geschenkenot«.

Das muss nicht sein: Einige der vorgestellten Aufstriche wie die Knoblauch-Kräuter-Streichcreme von Seite 46, die Erdnusscreme von Seite 83, der Drei-Minuten-Hummus von Seite 99, die Mohn-Sesam-Paste von Seite 89, der Schoko-Hafer-Aufstrich von Seite 130 oder der Bananen-Nuss-Aufstrich von Seite 129 lassen sich besonders rasch zusammenrühren und danach in ein dekoratives Glas oder Töpfchen füllen. So hat man in null Komma nichts ein originelles und persönliches Geschenk zur Hand.

Falls sich nicht alles, was zur Zubereitung des einen oder anderen Aufstrichs nötig ist, in Ihrem Vorratsschrank findet, ist dies (meist) nicht weiter tragisch. Haben Sie Mut, zu experimentieren! Viele Wege führen bekanntlich nicht nur nach Rom, sondern auch zum leckeren Aufstrich.

CLEVER PLANEN, KOCHEN UND VERSCHENKEN

Im günstigen Fall steht Ihnen etwas mehr Zeit zur Verfügung, um einen oder auch mehrere der selbst zusammengerührten Köstlichkeiten als Geschenke zuzubereiten. Damit beim Zubereiten sowie Verpacken und Verschenken alles sicher gelingt, lohnt es sich, im Voraus ein paar Dinge zu beachten. Clever geplant und zusammengerührt, isst und verschenkt es sich einfach besser!

- Lesen Sie die Rezepte, die Sie ausgewählt haben, in Ruhe von Anfang bis Ende durch.
- Stellten Sie fest, welche Zutaten besorgt werden müssen und welches Arbeitsmaterial benötigt wird.
- Prüfen Sie, ob genügend leere Gläser mit Deckel vorhanden sind und ob das benötigte Verpackungsmaterial im Haus ist.
- Planen Sie für das Zubereiten und anschließende Verpacken genügend Zeit ein.
- Bedenken Sie, dass manche der kleinen Köstlichkeiten nach dem Zubereiten etwas Zeit benötigen, bevor man sie verzehren oder verschenken kann. Aufstriche mit gekochten Zutaten und gekochte Marmeladen müssen abkühlen. Manchen Aufstrichen tut es hinsichtlich ihres Geschmacks und ihrer Konsistenz gut, wenn sie eine Nacht ungestört im Kühlschrank verbringen dürfen.
- Machen Sie es wie die Kochprofis und stellen Sie alle benötigten Zutaten zum Beispiel auf einem Tablett zusammen, bevor es an das eigentliche Zerkleinern, Kochen und Zusammenrühren geht. Platzieren Sie alle notwendigen Geräte und Küchenutensilien griffbereit neben den Zutaten.
- Folgen Sie den Rezeptanweisungen Schritt für Schritt.
- Vergessen Sie nicht, die frisch zubereiteten Aufstriche mit Etiketten zu versehen, auf denen nicht nur der Inhalt, sondern auch konkrete Hinweise zur Lagerung und Haltbarkeit angegeben sind. So können Sie sicherstellen, dass Ihr verschenkter Aufstrich so lange wie möglich schmackhaft bleibt und nicht (durch zum Beispiel unsachgemäße Lagerung außerhalb des Kühlschranks) frühzeitig verdirbt.
- Viele Kochbegeisterte freuen sich, wenn man gleich das Rezept zum Nachkochen beifügt.

LECKERES SCHÖN IN SZENE GESETZT

Die vorgestellten Aufstriche haben natürlich jede Menge innere, das heißt kulinarische Werte. Möchte man sie verschenken, kann es trotzdem nicht schaden, sie durch eine hübsche Umhüllung noch besser ins rechte Licht zu setzen.

Besonders hübsch und appetitlich sieht es aus, wenn Sie die Aufstriche nach dem Zubereiten in durchsichtige Gläser mit Schraubdeckeln füllen. Dazu müssen Sie nicht unbedingt neue, das heißt noch nie zuvor benutzte Gläser verwenden. In einem handelsüblichen, mit konserviertem Obst oder Gemüse oder Marmelade gefüllten Schraubglas steckt nach dem ersten Entleeren und Reinigen meist noch ein langes Küchenleben. Wichtig ist nur, dass Gläser sowie Deckel unbeschädigt und sauber sind, siehe auch ab Seite 24. Sollten Sie nicht genügend Gläser haben, lohnt es sich, in den örtlichen Kleinanzeigen, auf Flohmärkten oder im Internet zu stöbern. Oft finden sich dort gebrauchte und manchmal auch nagelneue Schraubgläser in gutem Zustand für wenig Geld. Geeignete Gläser sind auch in Haushaltswarengeschäften sowie in gut sortierten Supermärkten erhältlich.

Die kulinarische Schönheit eines lecker gefüllten, jedoch einfachen Glases wird zusätzlich zur optische Schönheit, wenn man das Glas mit bunten Bändern, kunstvoll geflochtenen Schnüren, Schleifen aus bunten Stoffresten, mit kleinen Häubchen aus Papier oder Stoff verziert. Hingucker sind eine am Glas befestigte Zimtstange oder Vanillestange, ein paar aufgeklebte Stücke Sternanis oder ein mit einem Band fixiertes Kräutersträußchen. Im Bastelgeschäft gibt es zudem kleine Löffel aus unbehandeltem Holz, die nicht nur zum gleich Auslöffeln, sondern auch als Etikett dienen können.

HINWEISE ZU DEN REZEPTEN

ABKÜRZUNGEN

EL = Esslöffel
TL = Teelöffel
MSP = Messerspitze
Esslöffel und Teelöffel sind beim Messen stets gestrichen gefüllt.

ZU DEN BACKTEMPERATUREN

Die angegebenen Temperaturen und Backzeiten gelten für einen auf die benötigte Temperatur vorgeheizten Elektrobackofen mit Umluftfunktion, sofern im Rezept nicht ausdrücklich anders erwähnt. Bei anderen Arten der Hitzezufuhr richten Sie sich bitte nach den Herstellerangaben für Ihren Ofen.

GEWÜRZMENGEN

Die Angaben zu den Mengen der verwendeten Gewürze und Kräuter, des verwendeten Knoblauchs und der verwendeten Zwiebeln dürfen Sie als Richtwerte verstehen. Entscheiden Sie bitte im Einzelfall, was Ihnen schmeckt und bekommt und wie viel Sie davon verwenden möchten.

Viele der pikanten Aufstriche werden mit verschiedenen frischen Kräutern gewürzt. Falls Sie nicht alle Kräuter, die in einem Rezept angegeben sind, frisch im Haus haben, können Sie einen Teil der frischen Kräuter durch getrocknete Kräuter ersetzen: Verwenden Sie statt 1 EL fein gehackten frischen Kräutern 1 TL getrocknete Kräuter.

Ich empfehle in meinen Rezepten Meersalz, da es meiner Meinung nach den Eigengeschmack der Speisen besonders gut zur Geltung bringt. Selbstverständlich können Sie anderes Salz verwenden. Bitte dosieren Sie in diesem Fall etwas vorsichtiger als im Rezept angegeben, und würzen Sie lieber nach.

VEGANE ZUTATEN

In den Rezepten werden verarbeitete Zutaten wie Senf, Margarine, Gemüsebrühe, Zartbitterschokolade, Reiswaffeln sowie einige Kräutermischungen und Gewürzmischungen verwendet. Bitte beachten Sie, dass damit Produkte mit ausschließlich pflanzlichen Bestandteilen gemeint sind. Lesen Sie im Zweifelsfall die Zutatenliste oder wenden Sie sich an den Hersteller.

PFLANZLICHE MILCH UND SAHNE

In den Rezepten wird als rein pflanzliche Milch vor allem Sojadrink, als pflanzliche Sahne Sojasahne empfohlen. Selbstverständlich steht es Ihnen frei, anstelle von Sojadrink oder Sojasahne ein anderes pflanzliches Produkt wie Reisdrink, Haferdrink oder Mandeldrink beziehungsweise Hafersahne, Reissahne oder Dinkelsahne zu wählen. Bitte verwenden Sie das, was Ihnen am besten schmeckt und gut bekommt.

ZU DEN AUFSTRICHMENGEN

Anders als in meinen bisherigen Büchern habe ich in diesem Buch bewusst darauf verzichtet, die sich aus den Rezepten ergebenden Aufstrichmengen an einer bestimmten Anzahl (hungriger) Personen festzumachen.

Zu dieser Vorgehensweise habe ich mich aus folgenden Gründen entschlossen: Wir Menschen sind und essen unterschiedlich. Wenn ich mir einen Aufstrich auf das Brot oder Brötchen streiche, darf es ruhig etwas mehr sein, das heißt, mein Belag ist eher üppig als dünn bemessen. Vielleicht geht es Ihnen ähnlich? Oder gilt bei Ihnen eher das Gegenteil? Mögen Sie Ihren Belag auf dem Brot nicht so dick aufgetragen? Oder kommt es auf den Aufstrich selbst (und die»Unterlage«) an, ob er dicker aufgetragen wird als ein anderer? Eine Portionsmenge genau festzulegen, ist also schwierig.

Ein weiterer Faktor, der mir bei Aufstrichen wichtig erscheint, ist die Haltbarkeit der fertigen Produkte. Manche, wie die Aufstriche auf Avocadobasis (siehe Seite 40 und Seite 41), sollten für den besten Genuss innerhalb von 24 Stunden verzehrt werden. Aufstriche, die Sie komplett aus gekochten Zutaten oder aus teilweise gekochten Zutaten in Kombination mit frischen Zutaten herstellen, bleiben dagegen deutlich länger schmackhaft, sodass man sie auch am nächsten und übernächsten Tag oder sogar nach fünf, sechs Tagen noch auf das Brot streichen kann. Andere Aufstriche sind aufgrund der verwendeten Zutaten und der Art ihrer Herstellung nochmals deutlich länger, nämlich mindestens 2 Wochen, Marmeladen und Gelees mindestens 3 Monate haltbar. Bei diesen Aufstrichen wäre es doch schade, wenn ich die Mengen so angäbe, dass sie nur für eine einzige Mahlzeit mit vier Personen ausreichen.

Hinzu kommt, dass ich Ihnen Rezepte geben möchte, die mit Zutaten auskommen, die Sie bis auf wenige Ausnahmen im gut sortierten (Bio-)Supermarkt erwerben können. Wichtig ist mir außerdem, dass Sie die frischen Zutaten beim Nachkochen möglichst komplett aufbrauchen können. Das bedeutet, dass ich den Großteil der Rezepte bewusst so angelegt habe, dass Sie beispielsweise eine ganze Avocado, Aubergine, Karotte, Zwiebel, eine ganze Stange Lauch oder einen ganzen Apfel verarbeiten können und keine Reste übrig behalten.

Wenn Sie vor der Zubereitung eines bestimmten Rezepts dennoch abschätzen möchten, wie viel Aufstrichmenge sich ergibt, kann ich Ihnen als »Faustregel« versichern, dass alle Rezepte mindestens vier Portionen ergeben. Meistens sogar deutlich mehr, sodass sich vier Personen auch an zwei Mahlzeiten »satt« von einem Aufstrich auftragen können.

Um abzuschätzen, wie viel Gramm Aufstrich sich ergibt, empfehle ich Ihnen, zunächst die Hauptzutaten eines Rezeptes nach dem Putzen und vor dem Zerkleinern abzuwiegen und die Mengen anschließend zu addieren. Rechnen Sie beim Kochen von Getreide oder Hülsenfrüchten die Kochflüssigkeit mit ein, sofern sie nach dem Garen nicht abgeschüttet wird. 100 ml Wasser wiegen 100 g. 1 EL (10 ml) Wasser, pflanzliche Milch, Zitronensaft, Essig oder Öl wiegt etwa 10 g. Wird das Kochwasser von Hülsenfrüchten nach dem Kochen abgegossen, gilt der Hinweis von Seite 16: Gegarte Hülsenfrüchte wiegen etwa zweieinhalb Mal so viel wie rohe Hülsenfrüchte.

Rechnen Sie dann etwa 10 Prozent für die restlichen Zutaten eines Rezeptes hinzu und Sie wissen ungefähr, welche Aufstrichmenge sich ergibt.

AUFSTRICHE MIT GEMÜSE

ITALIENISCHER PAPRIKAAUFSTRICH

1 rote Zwiebel
1 kleine Knoblauchzehe
2 EL Olivenöl
4 rote Paprikaschoten
1 Tomate
1 TL Roh-Rohrzucker
2 EL roter Balsamessig
1 EL fein gehackter Oregano
1 TL fein gehackter Thymian
1 TL fein gehackter Rosmarin
3 EL Maismehl
½ TL Johannisbrotkernmehl
Meersalz
frisch gemahlener schwarzer Pfeffer

* Die Zwiebel und den Knoblauch schälen, mittelfein hacken und im heißen Öl anschwitzen.
* Die Paprika entkernen, mittelfein würfeln und zur Zwiebel und zum Knoblauch in die Pfanne geben. Die Tomate mittelfein würfeln, zur Paprika geben und alles nochmals kurz anschwitzen.
* Die Temperatur reduzieren und den Zucker hinzufügen. So lange unter gelegentlichem Rühren schmoren, bis die Paprika und Tomate weich sind.
* Den Essig und die fein gehackten Kräuter unterrühren und 3 – 4 weitere Minuten schmoren.
* Das Paprikagemüse in ein hochwandiges Rührgefäß geben und mit dem Pürierstab zu einer glatten Creme verarbeiten. Das Maismehl und Johannisbrotkernmehl hinzufügen und nochmals kurz pürieren.
* Den Paprikaaufstrich mit Salz und Pfeffer abschmecken und vor dem Servieren im Kühlschrank gut durchkühlen lassen.
* ▣ Der Aufstrich hält sich im verschlossenen Glas im Kühlschrank 5 Tage.

Tipp: Dieser leckere Aufstrich passt bestens zu Focaccia oder Ciabatta.

ARTISCHOCKEN-ZITRONEN-CREME

250 g gegarte Artischockenherzen
1 Knoblauchzehe
Saft einer halben, kleinen Zitrone
2 MSP fein abgeriebene Zitronenschale
1 knapp gestrichener TL Johannisbrotkernmehl
4 EL blanchierte, gemahlene Mandeln
5 EL Sojasahne oder Hafersahne
4 EL fein gehackte glatte Petersilie
1 – 2 EL Olivenöl
Meersalz
frisch gemahlener weißer Pfeffer

- Die Artischockenherzen grob zerkleinern.
- Die Knoblauchzehe schälen und ebenfalls grob zerkleinern.
- Die Artischockenherzen und die Knoblauchzehe mit dem Zitronen-saft und der Zitronenschale sowie dem Johannisbrotkernmehl in ein hochwandiges Rührgefäß geben und mit dem Pürierstab zu einer glatten Creme verarbeiten.
- Die Mandeln, Sojasahne sowie die Petersilie und das Öl unterziehen.
- Die Creme mit Salz und Pfeffer abschmecken und vor dem Servieren etwa 20 Minuten im Kühlschrank ziehen lassen.
- ▣ Die Creme hält sich im verschlossenen Glas im Kühlschrank 2 – 3 Tage.

Tipp: Diese leckere mediterrane Creme mit feinem Zitronenaroma harmoniert bestens mit mediterranen Brotspezialitäten. Sie kann jedoch auch wie ein Pesto zu gekochten Nudeln serviert werden.

AUBERGINENKAVIAR

2 mittelgroße Auberginen
Olivenöl für die Form
2 Fleischtomaten
2 kleine Schalotten
2 Knoblauchzehen
10 entsteinte schwarze Oliven
1 EL fein gehackter Oregano
3 EL Olivenöl
2 MSP scharfes Paprikapulver
Meersalz
frisch gemahlener schwarzer Pfeffer

- Die Haut der Auberginen mit einer Gabel mehrmals einstechen. Die Auberginen in eine leicht eingeölte Auflaufform legen. Die Backofentemperatur auf 200 °C einstellen und die Auberginen etwa 45 Minuten oder so lange backen, bis das Fruchtfleisch weich ist. Die Auberginen etwas abkühlen lassen. Danach die Häute abziehen, die Samen entfernen und das Fruchtfleisch sehr fein hacken.
- Die Tomaten an den Stielansätzen einschneiden und in einen Topf mit kochend heißem Wasser geben. 5 Minuten im Wasser ziehen lassen, dann aus dem Wasser nehmen, abtropfen lassen und die Haut abziehen. Das Fruchtfleisch sehr fein würfeln. Die Schalotten und Knoblauchzehen schälen und sehr fein hacken. Die Oliven ebenfalls sehr fein hacken.
- Die Auberginen, Tomaten, Schalotten, Knoblauchzehen und Oliven in einer Schüssel vermischen. Oregano, Öl und Paprikapulver unterrühren und den Auberginenkaviar herzhaft mit Salz und Pfeffer abschmecken.
- Vor dem Servieren etwa 30 Minuten im Kühlschrank ziehen lassen.
- Der Aufstrich hält sich im verschlossenen Glas im Kühlschrank 2 – 3 Tage.

Tipp: Diesen Aufstrich genießt man in Südfrankreich gern mit knusprigem Baguette und einem Glas gut gekühlten Rosé.
Sparen Sie Energie und Zeit und bereiten Sie gleich zwei oder mehr Aufstriche auf Auberginenbasis wie den griechischen Auberginenaufstrich von Seite 113 oder den süßen Auberginen-Orangen-Aufstrich von Seite 127 auf einmal zu. Die Auberginen können dann gleichzeitig im Backofen garen.

BUNTE AVOCADOCREME

1 kleine Frühlingszwiebel
1 kleine rote Paprikaschote
1 kleine Karotte
2 reife Avocados
2 EL frisch gepresster Zitronensaft
4 – 5 EL gegarter Gemüsemais
2 EL fein gehackte glatte Petersilie
2 EL fein gehackter Schnittlauch
Meersalz
grüne Chilisauce

- Die Frühlingszwiebel in feine Scheibchen schneiden. Die Paprika entkernen und fein würfeln. Die Karotte schälen und grob raspeln.
- Die Avocados der Länge nach halbieren und die Kerne entfernen. Das Fruchtfleisch auslöffeln, mit einer Gabel zermusen und sofort mit dem Zitronensaft verrühren.
- Die Frühlingszwiebel, Paprika, Karotte, den Mais und die Kräuter zu den Avocados geben und alles vorsichtig vermischen.
- Die Avocadocreme herzhaft mit Salz und Chilisauce abschmecken.
- Reste der Creme sollten noch am gleichen Tag aufgebraucht werden.

Tipp: Mir schmeckt diese farbenfrohe Avocadocreme am besten auf frisch geröstetem Vollkorntoast.

FEURIGE AVOCADOCREME – GUACAMOLE

3 reife Avocados
2 – 3 EL frisch gepresster Limettensaft
1 mittelgroße Tomate
½ rote Peperoni
3 EL fein gehacktes Koriandergrün
2 MSP fein abgeriebene Limettenschale
Meersalz
frisch gemahlener schwarzer Pfeffer

- Die Avocados der Länge nach halbieren und die Kerne entfernen. Das Fruchtfleisch auslöffeln, mit einer Gabel zermusen und sofort mit dem Limettensaft verrühren.
- Die Tomate fein würfeln. Die Peperoni sehr fein hacken.
- Die Tomate, Peperoni, das Koriandergrün und die Limettenschale unter die Avocadocreme mischen.
- Die Creme mit Salz und Pfeffer abschmecken und servieren.
- Reste der Creme sollten noch am gleichen Tag aufgebraucht werden.

Tipp: Falls Sie kein Koriandergrün zur Hand haben oder es nicht mögen, können Sie es durch 3 EL fein gehackte glatte Petersilie ersetzen.
Diese feurige Avocadocreme schmeckt nicht nur gut auf Weißbrot oder Fladenbrot, sondern kann auch zum Füllen von Tortillas verwendet werden. Lecker ist es auch, Tortillachips in die Creme zu dippen.

KAROTTEN-KARTOFFEL-AUFSTRICH

1 Zwiebel
2 EL Rapsöl
4 Karotten (etwa 400 g)
2 mittelgroße Kartoffeln (etwa 300 g)
150 ml Gemüsebrühe oder Wasser
4 EL Maismehl
2 EL Weißweinessig
2 EL fein gehacktes Basilikum
2 EL fein gehackte glatte Petersilie
1 EL fein gehackter Estragon
2 MSP frisch geriebene Muskatnuss
Meersalz
frisch gemahlener weißer Pfeffer

- Die Zwiebel schälen, mittelfein hacken und im heißen Öl anschwitzen.
- Die Karotten und Kartoffeln schälen und mittelfein würfeln. Mit der Gemüsebrühe oder dem Wasser zur Zwiebel in den Topf geben und das Gemüse unter gelegentlichem Rühren etwa 30 Minuten sehr weich kochen.
- Das Gemüse und die Kochflüssigkeit mit dem Kartoffelstampfer fein zermusen. Maismehl, Essig, Kräuter und Muskat unterrühren und das Karottengemüse mit Salz und Pfeffer abschmecken. Bei Raumtemperatur offen abkühlen lassen, sodass die restliche heiße Flüssigkeit verdampfen kann.
- Den Karotten-Kartoffel-Aufstrich vor dem Servieren im Kühlschrank gut durchkühlen lassen und, falls notwendig, mit etwas Salz nachwürzen.
- Der Aufstrich hält sich im verschlossenen Glas im Kühlschrank 5 Tage.

MARONEN-GEMÜSE-AUFSTRICH

1 große Zwiebel
1 – 2 Knoblauchzehen
2 – 3 EL Rapsöl
2 kleine Karotten
1 kleine Stange Lauch
100 ml Gemüsebrühe oder Wasser
200 g gegarte Maronen
2 EL Weizenvollkornmehl
1 EL fein gehackter Thymian
1 EL fein gehackter Majoran
1 TL fein gehackter Rosmarin
2 MSP frisch geriebene Muskatnuss
5 – 6 EL Sojasahne oder Hafersahne
Meersalz
frisch gemahlener schwarzer Pfeffer

- Die Zwiebel und den Knoblauch schälen, mittelfein hacken und im heißen Öl anschwitzen. Die Karotten schälen und ebenso wie den Lauch in dünne Scheiben schneiden. Beides zur Zwiebel und zum Knoblauch in den Topf geben und kurz anschwitzen.
- Die Gemüsebrühe oder das Wasser hinzufügen und das Gemüse unter gelegentlichem Rühren etwa 10 Minuten schmoren.
- Die Maronen je nach Größe halbieren oder vierteln und zum Gemüse geben. Alles unter gelegentlichem Rühren 8 – 10 weitere Minuten schmoren, bis das Gemüse weich ist.
- Das Gemüse mit dem Pürierstab zu einer glatten Creme pürieren. Das Mehl hinzufügen und nochmals kurz pürieren.
- Die fein gehackten Kräuter und Muskat unterrühren. Die Sojasahne unterziehen und den Maronen-Gemüse-Aufstrich mit Salz und Pfeffer abschmecken.
- Den Aufstrich vor dem Servieren im Kühlschrank gut durchkühlen lassen und, falls notwendig, mit etwas Salz und Pfeffer nachwürzen.
- Der Aufstrich hält sich im verschlossenen Glas im Kühlschrank 5 Tage.

Tipp: Ein herbstlicher Aufstrich, der besonders gut zu Nussbrot schmeckt.

KARTOFFELCREME AUF BAYERISCHE ART

3 mittelgroße Kartoffeln (etwa 400 g)
Meersalz
100 ml Sojadrink oder Reisdrink
1 kleine Frühlingszwiebel
2 EL Rapsöl
2 EL Hefeflocken
1 EL milder Senf
1 TL scharfer Senf
1 TL milder Weißweinessig
5 EL Sojasahne oder Hafersahne
⅓ TL Kurkumapulver
2 – 3 MSP scharfes Paprikapulver
1 – 2 MSP gemahlener Kümmel
3 EL fein gehackter Schnittlauch
frisch gemahlener schwarzer Pfeffer

- Die Kartoffeln in reichlich Salzwasser als Pellkartoffeln kochen (am besten am Vortag). Danach komplett abkühlen lassen, pellen und grob würfeln.
- Den Sojadrink hinzufügen und die Kartoffeln mit einer Gabel oder einem Kartoffelstampfer fein zermusen.
- Die Frühlingszwiebel in feine Scheibchen schneiden und zum Kartoffelmus geben. Das Öl, die Hefeflocken, den Senf und Essig hinzufügen. Die Sojasahne unterziehen.
- Die Kartoffelcreme mit Kurkuma, Paprikapulver, Kümmel und Schnittlauch würzen. Danach herzhaft mit Salz und Pfeffer abschmecken.
- Die Kartoffelcreme vor dem Servieren im Kühlschrank etwa 20 Minuten ziehen lassen.
- Die Creme hält sich im verschlossenen Glas im Kühlschrank 4 Tage.

Tipp: Die Kartoffelcreme schmeckt – nach guter bayerischer Tradition – besonders lecker zu Laugenbrezeln. Gut passen dazu mit etwas Salz gewürzte Rettichscheiben oder Radieschen und gut gekühltes Weizenbier.

KNOBLAUCH-KRÄUTER-STREICHCREME

2 – 3 Knoblauchzehen (falls erwünscht, auch mehr)
150 g streichfähige Margarine
5 EL fein gehackte glatte Petersilie
1 EL frisch gepresster Zitronensaft
3 – 4 MSP fein abgeriebene Zitronenschale
½ TL feines Meersalz
3 – 4 MSP frisch gemahlener weißer Pfeffer

- Den Knoblauch schälen, sehr fein hacken und in 1 – 2 EL Margarine anschwitzen. Vor der Weiterverwendung abkühlen lassen.
- Die restliche Margarine mit dem angeschwitzten Knoblauch und den restlichen Zutaten verrühren.
- Die Streichcreme vor dem Servieren etwa 20 Minuten im Kühlschrank ziehen lassen.
- Die Creme hält sich im verschlossenen Glas im Kühlschrank 4 Tage.

Tipp: Für alle Knoblauchfans ist diese würzige Streichcreme ein absolutes Muss! Sie schmeckt bestens zu geröstetem Toast oder gerösteten Baguette-scheiben, wobei man die Creme am besten auf das noch heiße Brot streicht.

RETTICH-APFEL-AUFSTRICH

1 rote Zwiebel
2 – 3 EL Rapsöl
1 kleiner schwarzer (Winter-)Rettich (etwa 400 g)
1 großer Apfel
50 – 60 ml Wasser oder Gemüsebrühe
4 EL feine Haferflocken
2 EL Sonnenblumenkerne
2 EL (Vollkorn-)Semmelbrösel
2 EL fein gehackter Majoran
1 TL fein gehackter Thymian
1 EL Weißweinessig
1 – 2 TL fein geriebener Meerrettich
Meersalz

- Die Zwiebel schälen, fein hacken und im heißen Öl anschwitzen.
- Den Rettich schälen und sehr fein würfeln. Den Apfel schälen, entkernen und ebenfalls fein würfeln.
- Die Rettichwürfel und Apfelwürfel zur Zwiebel in den Topf geben. Das Wasser oder die Gemüsebrühe hinzufügen und alles unter gelegentlichem Rühren gut 15 Minuten schmoren, bis die Apfelwürfel zerfallen sind und der Rettich etwas weicher geworden ist.
- Die Rettichzubereitung kurz mit dem Kartoffelstampfer zerdrücken. Sie kann etwas stückig bleiben.
- Die Haferflocken, Sonnenblumenkerne und Semmelbrösel unterrühren. Den Majoran, Thymian sowie den Essig und Meerrettich hinzufügen und vorsichtig vermischen. Herzhaft mit Salz würzen.
- Den Rettich-Apfel-Aufstrich im Kühlschrank gut durchkühlen lassen.
- Der Aufstrich hält sich im verschlossenen Glas im Kühlschrank 5 Tage.

Tipp: Meerrettich kann je nach Sorte unterschiedlich scharf sein. Fügen Sie so viel Meerrettich hinzu, wie Ihnen schmeckt und gut bekommt. Dieser würzige Aufstrich schmeckt besonders gut zu Schwarzbrot oder Pumpernickel.

ROTE-BETE-FEIGEN-AUFSTRICH

250 g gegarte Rote Bete
5 getrocknete Feigen
½ Schalotte
2 EL Rotweinessig
5 EL blanchierte, gemahlene Mandeln
3 EL Sojasahne oder Hafersahne
1 – 2 TL Sesammus (Tahin)
3 EL fein gehackter Dill
1 TL mildes Currypulver
Meersalz
frisch gemahlener weißer Pfeffer

- Die Rote Bete und die Feigen grob zerkleinern. Die Schalotte schälen und klein schneiden.
- Rote Bete, Feigen und Schalotte mit dem Essig in ein hochwandiges Rührgefäß geben und mit dem Pürierstab zu einer glatten Creme pürieren.
- Die Mandeln, Sojasahne und Sesammus unterrühren. Den Dill und das Currypulver hinzufügen und den Rote-Bete-Feigen-Aufstrich mit Salz und wenig Pfeffer abschmecken.
- Vor dem Servieren etwa 20 Minuten im Kühlschrank ziehen lassen.
- Der Aufstrich hält sich im verschlossenen Glas im Kühlschrank 3 – 4 Tage.

SAHNIGER KOHLRABIAUFSTRICH

1 Frühlingszwiebel
2 EL Rapsöl
1 großer Kohlrabi (etwa 500 g)
2 mittelgroße Kartoffeln (etwa 300 g)
150 ml Wasser oder Gemüsebrühe
3 – 4 EL Maismehl
1 TL Weißweinessig
2 – 3 EL Sojasahne oder Hafersahne
2 EL fein gehackte krause Petersilie
2 EL fein gehackter Schnittlauch
Meersalz
frisch gemahlener weißer Pfeffer

- Die Frühlingszwiebel in feine Scheibchen schneiden und im heißen Öl anschwitzen.
- Den Kohlrabi und die Kartoffeln schälen und mittelfein würfeln. Mit dem Wasser oder der Gemüsebrühe zur Frühlingszwiebel in den Topf geben und das Gemüse unter gelegentlichem Rühren gut 20 Minuten sehr weich kochen.
- Das Gemüse und die Kochflüssigkeit mit dem Kartoffelstampfer fein zermusen. Das Maismehl und den Essig unterrühren.
- Das Kohlrabimus bei Raumtemperatur offen abkühlen lassen, sodass die restliche Flüssigkeit verdampfen kann.
- Sojasahne, Petersilie und Schnittlauch unterziehen und den Aufstrich herzhaft mit Salz und Pfeffer abschmecken. Danach im Kühlschrank gut durchkühlen lassen.
- Der Aufstrich hält sich im verschlossenen Glas im Kühlschrank 4 – 5 Tage.

Tipp: Dieser cremige Aufstrich schmeckt nicht nur gut zu Weißbrot, sondern eignet sich auch für belegte Bagels: Schneiden Sie die Bagels auf und belegen Sie die unteren Hälften mit einigen grob zerkleinerten Salatblättern. Streichen Sie nun üppig vom Kohlrabiaufstrich auf die Blätter. Verteilen Sie dann das fein geschnittene Grün einer Frühlingszwiebel darauf. Legen Sie nun die oberen Bagelhälften auf und beißen Sie herzhaft zu!

SÜSSKARTOFFEL-PEPERONI-AUFSTRICH

1 große Zwiebel
1 Knoblauchzehe
½ – 1 rote Peperoni
2 – 3 EL Rapsöl
2 Süßkartoffeln (etwa 600 g)
100 ml Wasser
2 EL Maismehl
4 EL fein gehackter Schnittlauch
1 EL Apfel-Balsamessig oder weißer Balsamessig
2 MSP gemahlener Kreuzkümmel
2 MSP gemahlener Koriander
Meersalz

- Die Zwiebel und die Knoblauchzehe schälen und fein hacken. Die Peperoni entkernen und sehr fein hacken. Zwiebel, Knoblauchzehe und Peperoni im heißen Öl anschwitzen.
- Die Süßkartoffeln schälen, mittelfein würfeln und zum Zwiebelgemüse geben. Kurz anschwitzen, dann mit dem Wasser ablöschen.
- Die Süßkartoffeln etwa 25 Minuten mit aufgelegtem Deckel unter gelegentlichem Rühren sehr weich kochen. In den letzten 3 – 4 Minuten Kochzeit den Deckel abnehmen.
- Das Gemüse und die Kochflüssigkeit mit einem Kartoffelstampfer fein zermusen. Das Maismehl unterrühren und das Gemüsepüree auf Raumtemperatur abkühlen lassen.
- Den Schnittlauch, Essig sowie Kreuzkümmel und Koriander unterrühren. Den Süßkartoffel-Peperoni-Aufstrich herzhaft mit Salz abschmecken und vor dem Servieren etwa 60 Minuten im Kühlschrank ziehen lassen.
- Der Aufstrich hält sich im verschlossenen Glas im Kühlschrank 5 Tage.

Tipp: Dieser pikante Aufstrich schmeckt besonders gut zu Zwiebelbrot. Auch Tortillas lassen sich gut mit ihm füllen.

TOMATENSTREICHCREME

8 große getrocknete Tomaten (45 – 50 g)
200 ml kochend heißes Wasser
125 g streichfähige Margarine
1 – 2 Knoblauchzehen
1 kleiner Zweig Rosmarin
1 TL Tomatenmark
½ TL mildes Paprikapulver
2 MSP scharfes Paprikapulver
Meersalz
frisch gemahlener weißer Pfeffer

- Die getrockneten Tomaten mit dem Wasser übergießen und 15 – 20 Minuten darin ziehen lassen.
- Die Tomaten mit 5 EL Einweichwasser und der Margarine in ein hochwandiges Rührgefäß geben und mit dem Pürierstab zu einer feinen Creme pürieren.
- Die Knoblauchzehen schälen und in Scheiben schneiden. Die Rosmarinnadeln vom Zweig zupfen und mit Knoblauch, Tomatenmark und Paprikapulver zur Tomatenmasse geben. Alles nochmals kurz pürieren.
- Die Tomatenstreichcreme herzhaft mit Salz und Pfeffer abschmecken und vor dem Servieren etwa 20 Minuten im Kühlschrank ziehen lassen.
- Die Creme hält sich im verschlossenen Glas im Kühlschrank 4 Tage.

Tipp: Diese würzige Streichcreme schmeckt besonders lecker auf knusprig gerösteten Baguettescheiben oder Ciabattabrot.

AUFSTRICHE MIT GETREIDE

GURKENCREME MIT HIRSE UND WALNÜSSEN

100 g Hirse
Meersalz
etwa 200 ml Wasser
100 g geschälte Salatgurke
2 EL Rapsöl
1 EL weißer Balsamessig
5 EL fein gehackte Walnusskerne
2 EL fein gehackter Dill
2 EL fein gehackte krause Petersilie
2 EL fein gehackter Schnittlauch
frisch gemahlener weißer Pfeffer

- Die Hirse mit heißem Wasser abspülen und abtropfen lassen. Dann mit 1 TL Salz und dem Wasser in einen Topf geben und unter Rühren zum Kochen bringen. Die Temperatur auf schwache Hitze reduzieren und die Hirse im geschlossenen Topf unter gelegentlichem Rühren 25 – 30 Minuten köchelnd quellen lassen. Sollte die Hirse zum Ende der Garzeit am Topfboden ansetzen, noch etwas Wasser hinzufügen. Den Topf vom Herd nehmen und die Hirse im geschlossenen Topf ausquellen und abkühlen lassen.
- Die Salatgurke grob würfeln und mit Öl und Essig in ein hochwandiges Rührgefäß geben. Mit dem Pürierstab fein pürieren. Die abgekühlte Hirse hinzufügen und nochmals pürieren, bis eine glatte, etwas klebrige Creme entstanden ist.
- Die Walnusskerne und Kräuter unterziehen und die Gurkencreme mit Salz und Pfeffer abschmecken.
- Die Gurkencreme vor dem Servieren etwa 20 Minuten im Kühlschrank ziehen lassen.
- Die Creme hält sich im verschlossenen Glas im Kühlschrank 3 – 4 Tage.

Tipp: Dieser Aufstrich zeigt, wie kreativ man mit Hirse kochen kann. Mir schmeckt dieser feinaromatische Aufstrich besonders gut zu Nussbaguette. Mit geschälter Gurke sieht er besonders schön aus und schmeckt feiner als mit ungeschälter Gurke.

COUSCOUS-ZUCCHINI-AUFSTRICH

150 ml Gemüsebrühe oder Wasser
125 g Couscous
1 Schalotte
1 Knoblauchzehe
2 – 3 EL Olivenöl
1 mittelgroßer Zucchino
1 mittelgroße Tomate
2 – 3 EL Sojasahne oder Hafersahne
1 EL frisch gepresster Zitronensaft
1 TL Sesammus (Tahin)
2 EL fein gehackte Minze
1 TL gemahlener Bockshornklee
Meersalz
frisch gemahlener weißer Pfeffer

- Die Gemüsebrühe oder das Wasser zum Kochen bringen. Den Couscous unter Rühren einrieseln und kurz aufkochen lassen. Den Topf vom Herd nehmen und den Couscous im geschlossenen Topf ausquellen und abkühlen lassen.
- Die Schalotte und den Knoblauch schälen, sehr fein hacken und im heißen Öl anschwitzen.
- Den Zucchino grob raspeln und zur Schalotte und zum Knoblauch in die Pfanne geben. Ebenfalls kurz anschwitzen, dann die sehr fein gewürfelte Tomate hinzufügen und das Gemüse unter gelegentlichem Rühren weich schmoren. Vor der Weiterverwendung abkühlen lassen.
- Den Couscous mit einer Gabel auflockern und das Gemüse unterrühren. Sojasahne, Zitronensaft, Sesammus, Minze und Bockshornklee dazugeben und alles vorsichtig vermischen.
- Den Couscous-Zucchini-Aufstrich herzhaft mit Salz und Pfeffer abschmecken und vor dem Servieren etwa 30 Minuten im Kühlschrank ziehen lassen.
- Der Aufstrich hält sich im verschlossenen Glas im Kühlschrank etwa 5 Tage.

Tipp: Dieser aromatische Aufstrich passt gut zu allen mediterranen Brotspezialitäten.

BULGUR-BROKKOLI-AUFSTRICH

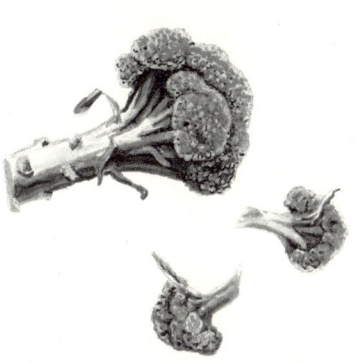

1 Frühlingszwiebel
1 Knoblauchzehe
2 EL Olivenöl
150 g Brokkoliröschen
125 g Bulgur
etwa 200 ml Wasser
1 EL frisch gepresster Zitronensaft
2 MSP fein abgeriebene Zitronenschale
2 EL fein gehackter Oregano
2 EL fein gehackte glatte Petersilie
Meersalz
frisch gemahlener schwarzer Pfeffer

- Die Frühlingszwiebel in mittelfeine Scheiben schneiden, die Knoblauchzehe schälen und grob hacken. Beides im heißen Öl anschwitzen.
- Die Brokkoliröschen grob zerkleinern und zur Frühlingszwiebel und zum Knoblauch in den Topf geben. Alles unter gelegentlichem Rühren etwa 5 Minuten schmoren.
- Den Bulgur zum Brokkoligemüse in den Topf geben und das Wasser hinzufügen. Unter gelegentlichem Rühren bei sehr niedriger Temperatur etwa 20 Minuten köcheln lassen, bis das Gemüse weich ist. Noch etwas Wasser dazugeben, wenn der Bulgur am Topfboden ansetzt.
- Die Zubereitung kurz mit dem Pürierstab bearbeiten, damit der Aufstrich sämiger wird.
- Den Zitronensaft und die Zitronenschale sowie den Oregano und die Petersilie unterrühren. Mit Salz und Pfeffer abschmecken.
- Den Aufstrich vor dem Servieren im Kühlschrank gut durchkühlen lassen. Falls notwendig, mit etwas Salz und Pfeffer nachwürzen.
- ▣ Der Aufstrich hält sich im verschlossenen Glas im Kühlschrank 5 Tage.

DINKELKÖRNERAUFSTRICH

150 g Dinkel
500 ml kochend heißes Wasser zum Einweichen
500 ml Wasser zum Kochen
Meersalz
1 Frühlingszwiebel
100 g Salatgurke
4 EL geröstetes Kichererbsenmehl
3 EL fein gehackter Schnittlauch
2 EL Olivenöl
1 EL Weißweinessig
1 EL mittelscharfer Senf
1 TL Johannisbrotkernmehl
frisch gemahlener schwarzer Pfeffer

- Die Dinkelkörner mit dem kochend heißen Wasser übergießen und etwa 40 Minuten quellen lassen. Das Einweichwasser abgießen und den Dinkel mit der gleichen Menge kaltem Wasser und 1 TL Salz zum Kochen aufsetzen.
- Die Körner unter gelegentlichem Rühren etwa 30 Minuten bissfest kochen (durch das Einweichen ist der Dinkel in etwa 30 Minuten bissfest gegart). Danach in einen Durchschlag geben, mit klarem Wasser abspülen und sehr gut abtropfen lassen.
- Die Frühlingszwiebel in feine Scheibchen schneiden. Die Gurke sehr fein würfeln oder grob raspeln.
- Dinkel, Frühlingszwiebel und Gurke in eine Schüssel geben. Kichererbsenmehl, Schnittlauch, Öl, Essig, Senf und Johannisbrotkernmehl hinzufügen und alles vorsichtig vermischen.
- Den Aufstrich mit Salz und Pfeffer würzen, etwa 10 Minuten ziehen lassen und servieren.
- Der Aufstrich hält sich im verschlossenen Glas im Kühlschrank 3 – 4 Tage.

HAFERFLOCKENAUFSTRICH

100 g kernige Haferflocken
100 ml Wasser
60 g Paranusskerne
1 Zwiebel
1 – 2 EL Rapsöl
2 – 3 EL Sojasauce
2 EL Sojasahne oder Hafersahne
1 EL Tomatenmark
2 TL mittelscharfer Senf
1 EL fein gehackter Oregano
1 TL fein gehackter Thymian
1 – 2 Spritzer frisch gepresster Zitronensaft
frisch gemahlener schwarzer Pfeffer

- Die Haferflocken mit dem Wasser übergießen und 15 Minuten quellen lassen.
- Die Paranusskerne in der trockenen Pfanne kurz anrösten, bis sie duften. Danach abkühlen lassen und mittelfein hacken.
- Die Zwiebel schälen, fein hacken und im heißen Öl leicht anbräunen.
- Zwiebel und Paranusskerne zu den Haferflocken geben. Sojasauce, Sojasahne, Tomatenmark, Senf und Kräuter hinzufügen und alles vorsichtig vermischen.
- Den Haferflockenaufstrich mit etwas Zitronensaft und Pfeffer abschmecken und vor dem Servieren etwa 20 Minuten im Kühlschrank ziehen lassen.
- Der Aufstrich hält sich im verschlossenen Glas im Kühlschrank 2 – 3 Tage.

»HACKEPETER« AUF BERLINER ART

100 g Reiswaffeln ohne Salz
300 ml heiße, kräftige Gemüsebrühe
1 große gelbe Zwiebel
2 ½ EL Tomatenmark
2 EL Sonnenblumenöl
2 EL fein gehackter Majoran
1 TL mildes Paprikapulver
½ TL scharfes Paprikapulver
2 MSP frisch geriebene Muskatnuss
1 MSP gemahlener Kümmel
Meersalz
frisch gemahlener schwarzer Pfeffer

- Die Reiswaffeln in eine Gefriertüte geben, diese mit einer Klemme verschließen und die Waffeln mit einem Nudelholz zerkrümeln.
- Die zerkrümelten Waffeln in eine Schüssel geben und mit der Gemüsebrühe übergießen. Kurz durchrühren, um die Waffeln rundum zu befeuchten. Etwa 15 Minuten quellen lassen.
- Die Zwiebel schälen und fein hacken und mit Tomatenmark, Öl, Majoran, Paprikapulver, Muskat und Kümmel zu den Reiswaffeln in die Schüssel geben. Alles gründlich vermischen.
- Den »Hackepeter« herzhaft mit Salz und Pfeffer abschmecken.
- Im Kühlschrank 3 – 4 Stunden ziehen lassen. Vor dem Servieren mit etwas Salz und Pfeffer nachwürzen, falls notwendig.
- ▣ Der »Hackepeter« hält sich im verschlossenen Glas im Kühlschrank 2 – 3 Tage.

Tipp: Für ein Buffet sieht es besonders hübsch aus, wenn Sie die doppelte Menge zubereiten und den »Hackepeter« zu einem niedlichen Igel formen: Für die Augen und die Igelschnauze können Sie in dünne Scheiben geschnittene Oliven oder Radieschen oder auch Haselnüsse verwenden. Die Igelstacheln lassen sich gut mit in feine Spalten geschnittenen Zwiebeln, Mandelsplittern oder mit halben Salzstangen nachbilden.

»HACKEPETER« MEDITERRAN

100 g Reiswaffeln ohne Salz
300 ml heiße, kräftige Gemüsebrühe
1 große rote Zwiebel
2 Knoblauchzehen
1 große Tomate
3 EL Tomatenmark
2 EL Olivenöl
1 TL mildes Paprikapulver
½ TL scharfes Paprikapulver
2 – 3 EL fein gehackte glatte Petersilie
1 EL fein gehackter Majoran
1 EL fein gehackter Oregano
1 TL fein gehackter Thymian
Meersalz
frisch gemahlener schwarzer Pfeffer

- Die Reiswaffeln in eine Gefriertüte geben, diese mit einer Klemme verschließen und die Waffeln mit einem Nudelholz zerkrümeln.
- Die zerkrümelten Waffeln in eine Schüssel geben und mit der Gemüsebrühe übergießen. Kurz durchrühren, um die Waffeln rundum zu befeuchten. Etwa 15 Minuten quellen lassen.
- Die Zwiebel und den Knoblauch schälen und fein hacken, die Tomate fein würfeln. Zwiebel, Knoblauch und Tomate zu den Reiswaffeln in die Schüssel geben.
- Tomatenmark, Öl und Paprikapulver unterrühren. Die fein gehackten Kräuter unterziehen und den »Hackepeter« herzhaft mit Salz und Pfeffer abschmecken.
- Im Kühlschrank 3 – 4 Stunden ziehen lassen. Vor dem Servieren mit etwas Salz und Pfeffer nachwürzen, falls notwendig.
- ▣ Der »Hackepeter« hält sich im verschlossenen Glas im Kühlschrank 2 – 3 Tage.

HIRSE-CASHEW-AUFSTRICH

130 g Hirse
Meersalz
etwa 300 ml Wasser
2 Knoblauchzehen
100 g Cashewnüsse
3 EL Hefeflocken
2 EL frisch gepresster Zitronensaft
3 – 4 EL Olivenöl

- Die Hirse mit heißem Wasser abspülen und abtropfen lassen. Dann mit 1 TL Salz und dem Wasser in einen Topf geben und unter Rühren zum Kochen bringen. Die Temperatur auf schwache Hitze reduzieren und die Hirse im geschlossenen Topf unter gelegentlichem Rühren 25 – 30 Minuten köchelnd quellen lassen. Sollte die Hirse zum Ende der Garzeit am Topfboden ansetzen, noch etwas Wasser hinzufügen. Den Topf vom Herd nehmen und die Hirse im geschlossenen Topf ausquellen und abkühlen lassen.
- Die Knoblauchzehen schälen, grob zerkleinern und mit den Cashewnüssen im Mixbehälter der Küchenmaschine oder im Standmixer fein zerkleinern.
- Die Hirse sowie Hefeflocken, Zitronensaft und Olivenöl hinzufügen und alles im Mixbehälter so lange mixen, bis ein glatter, etwas klebriger Aufstrich entstanden ist. Falls notwendig, mit etwas Salz abschmecken.
- Den Hirse-Cashew-Aufstrich im Kühlschrank etwa 60 Minuten ziehen lassen.
- Der Aufstrich hält sich im verschlossenen Glas im Kühlschrank 5 Tage.

Tipp: Der Hirse-Cashew-Aufstrich kann prima bis zu 8 Wochen eingefroren werden.
Der Aufstrich lässt sich geschmacklich noch mehr verfeinern, indem man frische Kräuter nach Wahl wie 3 – 4 EL fein gehackte glatte Petersilie oder gemischte Gartenkräuter (Schnittlauch, Petersilie, Kerbel, Estragon, Kresse) oder italienische Kräuter (Rosmarin, Thymian, Oregano, Basilikum) unterrührt. Bitte beachten Sie, dass der mit frischen Kräutern angereicherte Aufstrich nur 3 – 4 Tage im Kühlschrank haltbar ist.

KRÄUTER-TOAST-AUFSTRICH

5 Scheiben Vollkorntoast (etwa 120 g)
100 ml abgekühlte, kräftige Gemüsebrühe
2 EL frisch gepresster Zitronensaft
4 – 5 EL Olivenöl
2 kleine Knoblauchzehen
1 TL mittelscharfer Senf
2 EL fein gehackter Estragon
2 EL fein gehackte glatte Petersilie
Meersalz
frisch gemahlener weißer Pfeffer

* Die ungerösteten(!) Toastscheiben fein würfeln und mit der Gemüsebrühe übergießen (bei gerösteten Toastscheiben zerfällt die Rinde für den Aufstrich nicht befriedigend gut).
* Den Zitronensaft und das Öl hinzufügen und alles gut vermischen. Die Toastmasse 10 – 15 Minuten ziehen lassen, wodurch das Brot zerfällt und sich im Anschluss mit einer Gabel gut zu einer glatten Creme verrühren lässt.
* Die Knoblauchzehen schälen, sehr klein schneiden und mit Senf, Estragon sowie Petersilie zur Brotmasse geben und gut unterrühren.
* Den Kräuter-Toast-Aufstrich mit wenig Salz und Pfeffer abschmecken und im Kühlschrank etwa 15 Minuten ziehen lassen.
* Der Aufstrich hält sich im verschlossenen Glas im Kühlschrank 2 – 3 Tage.

Tipp: Dieser würzige Aufstrich schmeckt gut zu geröstetem Ciabatta oder Baguette. Eine schnell zubereitete, leckere Füllung für Pitataschen entsteht, wenn Sie den Aufstrich mit Gurkenscheiben, in feine Spalten geschnittenen Tomaten, fein gewürfelter Paprikaschote und einigen Zwiebelringen kombinieren.

MAISMEHLAUFSTRICH MIT ITALIENISCHEN KRÄUTERN

1 Frühlingszwiebel
1 Knoblauchzehe
3 – 4 EL Olivenöl
75 g Maismehl
300 ml Sojadrink oder Reisdrink
1 TL fein gehackter Oregano
1 TL fein gehackter Thymian
1 TL fein gehackter Rosmarin
1 TL fein gehackter Majoran
1 TL fein gehacktes Basilikum
Meersalz
frisch gemahlener schwarzer Pfeffer

- Die Frühlingszwiebel in feine Scheibchen schneiden, den Knoblauch schälen und fein hacken. Beides in 1 – 2 EL heißem Öl anschwitzen.
- Das Maismehl zur Frühlingszwiebel und Knoblauchzehe in den Topf geben und kurz anschwitzen.
- Den Topf vom Herd nehmen und den Sojadrink in kleinen Portionen mit einem Schneebesen unterrühren. So lange rühren, bis keine Klümpchen mehr vorhanden sind. Den Topf zurück auf den Herd geben und die Maismehlzubereitung unter ständigem Rühren zum Kochen bringen. So lange kochen, bis sie eindickt.
- Den Topf vom Herd nehmen und das restliche Öl sowie die fein gehackten Kräuter unterrühren. Den Aufstrich herzhaft mit Salz und Pfeffer abschmecken.
- Vor dem Servieren gut im Kühlschrank durchkühlen lassen.
- ▣ Der Aufstrich hält sich im verschlossenen Glas im Kühlschrank 5 Tage.

Tipp: Falls Sie nicht alle der benötigten frischen Kräuter im Haus haben, können Sie die gesamten frischen Kräuter durch 1 EL getrocknete Pizzakräuter ersetzen. Geben Sie die getrockneten Pizzakräuter jedoch nicht erst zum Schluss in den Topf, sondern bereits nachdem Sie den Sojadrink untergerührt haben.

ROGGEN-RETTICH-AUFSTRICH

100 g Roggenflocken
200 ml Sojadrink oder Reisdrink
125 g weißer Rettich
4 EL Sojasahne oder Hafersahne
3 EL fein gehackter Schnittlauch
1 EL Apfel-Balsamessig oder weißer Balsamessig
1 EL körniger Senf
½ TL Johannisbrotkernmehl
Meersalz
frisch gemahlener weißer Pfeffer

- Die Roggenflocken mit dem Sojadrink in einen kleinen Topf geben und unter Rühren zum Kochen bringen. 1 – 2 Minuten unter Rühren kochen, dann den Topf vom Herd nehmen und die Roggenflocken abkühlen lassen.
- Den Rettich grob raspeln.
- Die Roggenflocken mit dem Rettich vermischen. Sojasahne, Schnittlauch, Essig, Senf und Johannisbrotkernmehl unterrühren.
- Den Roggen-Rettich-Aufstrich herzhaft mit Salz und Pfeffer abschmecken und vor dem Servieren etwa 30 Minuten im Kühlschrank ziehen lassen.
- Der Aufstrich hält sich im verschlossenen Glas im Kühlschrank 3 – 4 Tage.

Tipp: Dieser würzige Aufstrich schmeckt besonders gut zu Laugengebäck oder Bauernbrot.

PAPRIKA-GRÜNKERN-AUFSTRICH

1 große rote Zwiebel
2 – 3 EL Olivenöl
2 rote Paprikaschoten
100 g Grünkernschrot
etwa 350 ml Wasser oder Gemüsebrühe
1 knapp gestrichener TL Johannisbrotkernmehl
2 EL Tomatenmark
2 EL fein gehackter Oregano
1 TL weißer Balsamessig
1 TL mildes Paprikapulver
Meersalz
scharfes Paprikapulver

- Die Zwiebel schälen, mittelfein hacken und im heißen Öl anschwitzen.
- Die Paprika entkernen und würfeln. Zur Zwiebel in den Topf geben und kurz anschwitzen.
- Den Grünkernschrot und das Wasser oder die Gemüsebrühe hinzufügen und unter Rühren zum Kochen bringen. Die Temperatur auf niedrige Hitze reduzieren und unter häufigem Rühren gut 15 Minuten köcheln lassen, bis die Paprika weich ist. Falls der Grünkernschrot zum Ende der Garzeit am Topfboden ansetzt, noch etwas Wasser oder Gemüsebrühe hinzufügen.
- Die Grünkernzubereitung mit dem Pürierstab zu einer glatten Creme pürieren. Das Johannisbrotkernmehl hinzufügen und nochmals kurz pürieren.
- Tomatenmark, Oregano, Essig und mildes Paprikapulver unterrühren und den Aufstrich herzhaft mit Salz und scharfem Paprikapulver abschmecken.
- Den Aufstrich vor dem Servieren im Kühlschrank gut durchkühlen lassen. Falls notwendig, mit etwas Salz und Paprikapulver nachwürzen.
- ▣ Der Aufstrich hält sich im verschlossenen Glas im Kühlschrank gut 7 Tage.

Tipp: *Falls Sie es nicht schaffen, den Aufstrich innerhalb einer Woche zu ver-zehren, können Sie Reste bis zu 8 Wochen in der Tiefkühltruhe aufbewahren. Oder Sie reduzieren die Zutatenmengen jeweils um die Hälfte und bereiten eine kleinere Menge zu.*

WÜRZIGER GRÜNKERNAUFSTRICH

1 Zwiebel
1 Knoblauchzehe
2 EL Rapsöl
1 große Karotte
125 g Grünkernschrot
150 ml Wasser
1 – 2 EL Sojasauce
1 EL Kürbiskernöl
1 EL Weißweinessig
1 TL milder Senf
1 TL fein gehackter Thymian
1 TL fein gehackter Oregano
1 TL fein gehackter Majoran
1 TL fein gehackter Rosmarin
½ TL mildes Paprikapulver
Meersalz
frisch gemahlener schwarzer Pfeffer

- Die Zwiebel und Knoblauchzehe schälen, sehr fein hacken und im heißen Öl anschwitzen.
- Die Karotte schälen, sehr fein würfeln und zur Zwiebel und zum Knoblauch in den Topf geben. So lange unter gelegentlichem Rühren schmoren, bis die Karottenwürfel bissfest gegart sind.
- Den Grünkernschrot und das Wasser hinzufügen und alles kurz zum Kochen bringen. Etwa 2 Minuten unter Rühren kochen, dann den Topf vom Herd nehmen und die Grünkernzubereitung mit aufgelegtem Deckel ausquellen und abkühlen lassen.
- Sojasauce, Kürbiskernöl, Essig, Senf, Kräuter und Paprikapulver unterrühren und den Aufstrich herzhaft mit Salz und Pfeffer abschmecken.
- Den Aufstrich vor dem Servieren mindestens 4 Stunden, gern auch über Nacht, im Kühlschrank durchkühlen lassen.
- Der Aufstrich hält sich im verschlossenen Glas im Kühlschrank etwa 7 Tage.

ZUCCHINI-HAFER-AUFSTRICH

1 Frühlingszwiebel
1 kleine Knoblauchzehe
1 – 2 EL Rapsöl
2 mittelgroße Zucchini (etwa 400 g)
50 ml Wasser
4 EL Haferspeisekleie
5 EL zarte Haferflocken
2 MSP frisch geriebene Muskatnuss
Meersalz
frisch gemahlener weißer Pfeffer

- Die Frühlingszwiebel in feine Scheibchen schneiden, die Knoblauchzehe schälen und fein hacken. Beides im heißen Öl anschwitzen.
- Die Zucchini mittelfein würfeln und zur Frühlingszwiebel und zum Knoblauch in den Topf geben. Kurz anschwitzen, dann mit dem Wasser ablöschen. Die Zucchini unter gelegentlichem Rühren etwa 15 Minuten sehr weich kochen.
- Danach den Topf vom Herd nehmen und das Zucchinigemüse mit dem Pürierstab fein pürieren. Die Haferspeisekleie und die Haferflocken in den Topf geben und alles nochmals kurz aufkochen. Den Topf vom Herd nehmen, Muskat unterrühren und die Zubereitung mit Salz und Pfeffer abschmecken.
- Den Aufstrich vor dem Servieren im Kühlschrank gut durchkühlen lassen. Falls notwendig, mit etwas Salz nachwürzen.
- Der Aufstrich hält sich im verschlossenen Glas im Kühlschrank 4 – 5 Tage.

Tipp: Falls Sie keine Haferspeisekleie haben, können Sie diese durch 4 EL Couscous ersetzen.

AUFSTRICHE MIT NÜSSEN UND KERNEN

CASHEWCREME

für etwa 350 g Cashewcreme

200 g Cashewnüsse
500 ml kochend heißes Wasser
3 EL Sonnenblumenöl
2 EL frisch gepresster Zitronensaft
2 – 3 EL Wasser
3 EL Hefeflocken
1 ½ TL Meersalz
2 – 3 MSP frisch gemahlener weißer Pfeffer

* Die Cashewnüsse mit dem heißen Wasser übergießen und mindestens 6 Stunden, gern auch über Nacht, darin quellen lassen.
* Die Nüsse in einen Durchschlag geben und gut abtropfen lassen. Dann in den Mixbehälter der Küchenmaschine oder in den Standmixer geben, die restlichen Zutaten hinzufügen und alles gründlich zerkleinern. Sollten sich Teile der Cashewmasse am Rand des Mixbehälters absetzen, diese mit Hilfe eines Löffels oder Spatels nach unten drücken, damit auch sie fein zerkleinert werden. Die Cashewcreme ist fertig, wenn sich eine glatte, feine Creme gebildet hat.
* Die Creme hält sich im verschlossenen Glas im Kühlschrank 3 – 4 Tage.

Tipp: Falls Sie eine leistungsstarke Küchenmaschine oder einen Standmixer mit starkem Motor haben, können Sie die Nüsse ohne Wasserzugabe zerkleinern.
Die Cashewnüsse lassen sich auch mit einem leistungsstarken Pürierstab zerkleinern. Vermischen Sie dazu die gequollenen Nüsse mit dem Sonnenblumenöl, Zitronensaft und Wasser und zerkleinern Sie alles in zwei bis drei Portionen. Rühren Sie die trockenen Zutaten zum Schluss unter.

VARIATIONEN DER CASHEWCREME

Die Cashewcreme von Seite 69 kann natürlich pur, direkt aus der Schüssel gelöffelt oder auf Brot oder Cracker gestrichen werden.

Besonders lecker und schön ist es, wenn man die Creme zu Rollen formt und in verschiedenen Würzzutaten wälzt. Am einfachsten funktioniert dies, wenn Sie die Würzzutaten in einer dünnen Schicht auf zwei Stücken Frischhaltefolie verteilen. Formen Sie aus der frisch zubereiteten Cashewcreme zwei längliche Rollen und legen Sie die Rollen auf die Würzzutaten. Schlagen Sie die Folien an den langen Seiten der Rollen hoch und ziehen Sie die Folien jeweils zur Mitte hin, wobei die noch unbedeckten Teile der Rollen ebenfalls mit den Würzzutaten bedeckt werden. Schlagen Sie nun die Folien stramm um die Rollen und geben Sie diese 2 – 3 Stunden in den Kühlschrank.

CASHEW-PFEFFER-CREME

Wälzen Sie die Cashewcreme in 3 – 4 EL grob geschroteten bunten Pfefferkörnern.

CASHEW-KRÄUTER-CREME

Fügen Sie beim Zubereiten der Cashewcreme 2 geschälte und fein zerdrückte Knoblauchzehen hinzu. Wälzen Sie die Creme in 4 – 5 EL fein gehackten mediterranen Kräutern, zum Beispiel Basilikum, Rosmarin, Thymian, Oregano, Majoran.

CASHEW-SCHNITTLAUCH-CREME

Fügen Sie beim Zubereiten der Cashewcreme 1 geschälte und fein zerdrückte Knoblauchzehe hinzu. Wälzen Sie die Creme in 4 – 5 EL fein gehacktem Schnittlauch.

CASHEW-PAPRIKA-CREME

Mischen Sie unter die fertig zubereitete Cashewcreme 1 sehr fein gewürfelte rote Paprikaschote und ½ TL scharfes Paprikapulver. Wälzen Sie die Creme dann in 2 – 3 EL mildem Paprikapulver.

CASHEW-SESAM-CREME

Ersetzen Sie bei der Zubereitung der Cashewcreme zwei der drei Esslöffel Sonnenblumenöl durch Sesammus (Tahin). Wälzen Sie die Creme in 4 – 5 EL geschälten Sesamsamen.

HASELNUSS-TOMATEN-AUFSTRICH

80 g Haselnusskerne
1 Knoblauchzehe
100 g in Öl eingelegte Tomaten
100 g entsteinte schwarze Oliven
1 EL frisch gepresster Zitronensaft
frisch gemahlener schwarzer Pfeffer

- Die Haselnusskerne in der trockenen Pfanne kurz rösten, bis sie duften. Vor der Weiterverwendung abkühlen lassen.
- Die Haselnüsse in den Mixbehälter der Küchenmaschine oder in den Standmixer geben und fein zerkleinern.
- Die Knoblauchzehe schälen, grob zerkleinern und mit den etwas abgetropften Tomaten, 2 – 3 EL Tomaten-Einlegeflüssigkeit, den Oliven und dem Zitronensaft zur Nussmasse geben. Alles zu einer glatten Creme pürieren.
- Den Haselnuss-Tomaten-Aufstrich mit etwas Pfeffer würzen und vor dem Servieren etwa 20 Minuten im Kühlschrank ziehen lassen.
- Der Aufstrich hält sich im verschlossenen Glas im Kühlschrank 3 – 4 Tage.

*Tipp: Wenn Sie etwas mehr Einlegeflüssigkeit der Tomaten oder etwas zu-
sätzliches Olivenöl unterrühren, sodass der Aufstrich flüssiger wird, können
Sie ihn wie ein Pesto zu Nudeln oder Reis servieren.*

LAVENDEL-HASELNUSS-CREME

1 TL frische oder getrocknete Lavendelblüten
1 knapp gestrichener TL grobes Meersalz
150 g Margarine
5 EL gemahlene Haselnusskerne
4 EL fein gehackter Schnittlauch
2 EL frisch gepresster Zitronensaft
2 MSP fein abgeriebene Zitronenschale
3 – 4 MSP frisch gemahlener weißer Pfeffer

- Die Lavendelblüten mit dem Salz in einen Mörser geben und mit dem Stößel fein zerstoßen.
- Die Margarine in einem kleinen Topf erhitzen, bis sie weich, aber noch nicht geschmolzen ist.
- Das Lavendelsalz sowie die restlichen Zutaten zur Margarine geben und alles vorsichtig vermischen.
- Die Lavendel-Haselnuss-Creme in ein Schälchen füllen und vor dem Servieren im Kühlschrank fest werden lassen.
- Die Creme hält sich im verschlossenen Glas im Kühlschrank etwa 5 Tage.

Tipp: Anstelle der Haselnüsse können Sie auch gemahlene Mandeln oder Pinienkerne verwenden. Die Lavendel-Haselnuss-Creme schmeckt köstlich zu knusprigem Baguette oder Ciabatta, kann aber auch Grillgemüse mit ihrem mediterranen Aroma verfeinern.

MEDITERRANER MACADAMIANUSSAUFSTRICH

1 kleine Zwiebel
2 EL Olivenöl
1 rote Paprikaschote
125 g geröstete und gesalzene Macadamianusskerne
1 Knoblauchzehe
1 Tomate
3 EL (Vollkorn-)Semmelbrösel
1 EL weißer Balsamessig
2 kleine Zweige Thymian
1 kleiner Zweig Rosmarin
10 Blättchen Basilikum
1 TL mildes Paprikapulver
Meersalz
frisch gemahlene Chiliflocken

- Die Zwiebel schälen, mittelfein hacken und im heißen Öl anschwitzen.
- Die Paprika würfeln, zur Zwiebel in die Pfanne geben und so lange unter gelegentlichem Rühren schmoren, bis sie weich ist. Das Gemüse vor der Weiterverwendung abkühlen lassen.
- Die Macadamianusskerne in den Mixbehälter der Küchenmaschine oder in den Standmixer geben und fein zerkleinern.
- Die Knoblauchzehe schälen, zerkleinern und mit dem Paprika-Zwiebel-Gemüse, der grob gewürfelten Tomate, den Semmelbröseln und dem Essig in den Mixbehälter geben.
- Die Thymianblättchen und Rosmarinnadeln von den Zweigen zupfen. Mit dem Basilikum und Paprikapulver in den Mixbehälter geben und alles zu einer glatten Creme pürieren.
- Den Aufstrich herzhaft mit etwas Salz und Chiliflocken abschmecken. Vor dem Servieren etwa 20 Minuten im Kühlschrank ziehen lassen.
- Der Aufstrich hält sich im verschlossenen Glas im Kühlschrank 3 – 4 Tage.

Tipp: Der Macadamianussaufstrich passt gut zu mediterranen Brotspezialitäten wie Baguette, Ciabatta und Fladenbrot, kann aber auch wie ein Pesto zu Reis oder Nudeln serviert werden.

NUSSMIXAUFSTRICH MIT APFEL UND MEERRETTICH

30 g Walnusskerne
30 g Haselnusskerne
30 g Pekannusskerne
30 g Cashewnüsse
30 g Mandeln
½ kleine rote Zwiebel
1 großer Apfel
2 kleine Zweige Thymian
2 Blätter Majoran
2 EL Kürbiskernöl
1 EL Apfel-Balsamessig
    oder 1 TL Apfelessig
1 TL fein geriebener Meerrettich
Meersalz

- Die Nüsse und Mandeln in der trockenen Pfanne kurz rösten, bis sie duften. Vor der Weiterverwendung abkühlen lassen.
- Die Zwiebel schälen und grob zerkleinern. Den Apfel entkernen und grob zerkleinern. Die Thymianblättchen von den Zweigen zupfen.
- Nussmix, Zwiebel, Apfel, Thymianblättchen sowie Majoran, Kürbiskernöl und Essig in den Mixbehälter der Küchenmaschine oder in den Standmixer geben und alles fein zerkleinern.
- Den Meerrettich unterrühren und den Aufstrich herzhaft mit Salz würzen. Etwa 20 Minuten im Kühlschrank ziehen lassen und vor dem Servieren nochmals kurz umrühren.
- Der Aufstrich hält sich im verschlossenen Glas im Kühlschrank 3 – 4 Tage.

Tipp: Meerrettich kann je nach Sorte unterschiedlich scharf sein. Die vorgeschlagene Menge ist ein Richtwert, würzen Sie nach Ihrem Geschmack. Sollte Ihr Mixgerät Probleme haben, die Nussmischung fein zu zerkleinern, hilft es, wenn Sie etwas Wasser oder Apfelsaft hinzufügen.

MANDEL-MINZE-CREME

2 – 3 Knoblauchzehen
1 TL grobes Meersalz
1 – 2 MSP Fenchelsamen
4 – 5 Blätter Minze
75 g blanchierte, gemahlene Mandeln
80 ml Olivenöl
1 Spritzer frisch gepresster Zitronensaft
frisch gemahlener schwarzer Pfeffer

- Die Knoblauchzehen schälen, halbieren und die grünen Keime im Inneren entfernen. Den Knoblauch mit Salz, Fenchelsamen und Minze in den Mörser geben. Alles mit dem Stößel zu einer cremigen Paste zermusen.
- Die Mandeln und das Olivenöl zur Paste geben. Mit etwas Zitronensaft und Pfeffer würzen.
- Die Mandel-Minze-Creme vor dem Servieren etwa 15 Minuten im Kühlschrank ziehen lassen.
- Die Creme hält sich im verschlossenen Glas im Kühlschrank 4 Tage.

MANDELMUS PIKANT

200 g Mandeln
5 – 6 EL Rapsöl, Sonnenblumenöl oder Mandelöl
1 EL frisch gepresster Zitronensaft
⅓ TL feines Meersalz

- Die Mandeln häuten, siehe Seite 18.
- Dann die Mandeln mit dem Öl, Zitronensaft und Salz in den Mixbehälter der Küchenmaschine oder in den Standmixer geben und alles gründlich zerkleinern. Sollten sich Teile der Mandelmasse am Rand des Mixbehälters absetzen, diese mit Hilfe eines Löffels oder Spatels nach unten drücken, damit auch sie fein zerkleinert werden.
- Sollte die Mandelmasse nach dem Pürieren noch etwas zu trocken sein, fügen Sie etwas zusätzliches Öl hinzu, damit das Mus schön cremig wird.
- Das Mandelmus hält sich im verschlossenen Glas im Kühlschrank etwa 2 Wochen.

Tipp: Dieses einfache Mandelmus kann durch Zugabe von 4 EL fein gehackten Kräutern verfeinert werden: zum Beispiel mit Schnittlauch, Petersilie, Kresse und Estragon oder mit Thymian, Rosmarin, Oregano und Basilikum. Knoblauchfans können 1 – 2 (oder auch mehr) geschälte und grob zerkleinerte Knoblauchzehen mit in den Mixbehälter geben, ½ rote Peperoni, die mit den Mandeln püriert wird, sorgt für Schärfe.
Sollte Ihre Küchenmaschine oder Ihr Standmixer Probleme haben, die Mandeln so fein zu zerkleinern, dass ein Mus entsteht, hilft es, die Mandeln vor dem Zerkleinern über Nacht in kaltem Wasser einzuweichen. Danach das Wasser abgießen und die Mandeln vor dem Zerkleinern etwas abtropfen lassen.
Falls Sie ein Mandelmus »pur«, ganz ohne Würzzutaten wünschen, geben Sie lediglich die geschälten Mandeln mit dem Öl in den Mixbehälter und zerkleinern diese beiden Zutaten fein.

PILZ-WALNUSS-AUFSTRICH

100 g Walnusskerne
1 Frühlingszwiebel
1 kleine Knoblauchzehe
2 EL Rapsöl
1 mittelgroße Karotte
250 g braune Champignons
2 EL Tomatenmark
2 EL Sojasauce
1 EL Rotweinessig
1 EL fein gehackter Oregano
1 TL fein gehackter Thymian
frisch gemahlener schwarzer Pfeffer

- Die Walnusskerne in der trockenen Pfanne kurz rösten, bis sie duften. Vor der Weiterverwendung abkühlen lassen.
- Die Frühlingszwiebel in feine Scheibchen schneiden, den Knoblauch schälen und fein hacken. Beides im heißen Öl anschwitzen. Die Karotte schälen, mittelfein würfeln, zur Zwiebel geben und kurz anschwitzen.
- Die Champignons mit feuchtem Küchenpapier säubern und die Stiele etwas einkürzen. Die Pilze würfeln und zum Gemüse in den Topf geben. Alles nochmals kurz anschwitzen, dann die Temperatur deutlich reduzieren und das Gemüse im geschlossenen Topf gut 20 Minuten weich schmoren. Dabei gelegentlich umrühren.
- Den Deckel abnehmen, die Temperatur kurz erhöhen, damit die übrige Kochflüssigkeit verdunstet. Dann den Topf vom Herd nehmen und die Gemüsezubereitung etwas abkühlen lassen.
- Die Walnüsse in den Topf geben und alles mit dem Pürierstab fein pürieren. Tomatenmark, Sojasauce, Essig, Oregano und Thymian unterrühren Den Pilz-Walnuss-Aufstrich mit etwas Pfeffer abschmecken und vor dem Servieren im Kühlschrank gut durchkühlen lassen.
- ▣ Der Aufstrich hält sich im verschlossenen Glas im Kühlschrank 5 Tage.

Tipp: Statt Champignons können Sie auch andere Zuchtpilze wie Kräuterseitlinge oder Shiitake verwenden. Ich mag den Aufstrich besonders gern auf knusprigem, hauchdünnem Roggenknäckebrot.

SPINAT-CASHEW-AUFSTRICH

100 g Cashewnüsse
300 ml kochend heißes Wasser
1 Schalotte
1 – 2 Knoblauchzehen
200 g geputzter, sehr gut abgetropfter Spinat
2 – 3 Zweige Thymian
6 Blätter Basilikum
1 kleine getrocknete Chilischote
2 EL weißer Balsamessig
2 EL Olivenöl
Meersalz

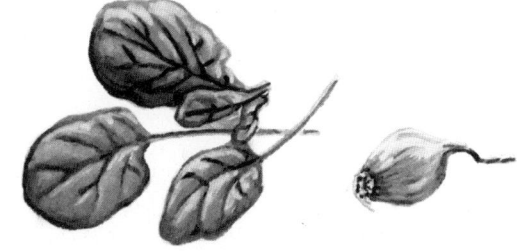

- Die Cashewnüsse mit dem
  Wasser übergießen und
  5 – 6 Stunden quellen lassen.
- Das Wasser abgießen und die Cashewnüsse in den Mixbehälter der
  Küchenmaschine oder in den Standmixer geben.
- Die Schalotte und die Knoblauchzehen schälen und grob zerkleinern.
  Mit dem Spinat in den Mixbehälter geben. Die Thymianblättchen von
  den Zweigen zupfen und mit dem Basilikum, der Chilischote, dem Essig
  und Öl ebenfalls in den Mixbehälter geben.
- Alles zu einer glatten Creme pürieren.
- Den Spinat-Cashew-Aufstrich herzhaft mit Salz abschmecken und vor
  dem Servieren etwa 20 Minuten im Kühlschrank ziehen lassen.
- Der Aufstrich hält sich im verschlossenen Glas im Kühlschrank 2 – 3 Tage.

> **Tipp:** *Sollte Ihre Maschine Schwierigkeiten haben, die Zutaten cremig zu
> zerkleinern, hilft es, wenn Sie etwas Wasser hinzufügen.*
> *Wenn Sie es milder mögen oder Kinder mitessen, können Sie anstelle der
> Chilischote frisch gemahlene Chiliflocken oder scharfes Paprikapulver
> verwenden und den Aufstrich nach Ihrem Geschmack würzen.*

TOMATEN-WALNUSS-CREME

150 g Walnusskerne
2 Tomaten
3 EL Hefeflocken
2 EL Sojasahne oder Hafersahne
1 EL weißer Balsamessig
1 TL mildes Paprikapulver
2 MSP gemahlener Kreuzkümmel
3 EL fein gehackte glatte Petersilie
Meersalz
frisch gemahlener weißer Pfeffer

- Die Walnusskerne grob zerkleinern und in der trockenen Pfanne kurz rösten, bis sie duften. Vor der Weiterverwendung abkühlen lassen.
- Die Tomaten würfeln und mit den Walnüssen in ein hochwandiges Rührgefäß geben. Mit dem Pürierstab zu einer glatten Creme verarbeiten.
- Hefeflocken, Sojasahne, Essig, Paprikapulver, Kreuzkümmel und Petersilie unterrühren und die Tomaten-Walnuss-Creme herzhaft mit Salz und Pfeffer abschmecken.
- Vor dem Servieren etwa 20 Minuten im Kühlschrank ziehen lassen.
- Die Creme hält sich im verschlossenen Glas im Kühlschrank 2 – 3 Tage.

Tipp: Statt der Walnüsse können Sie auch Pekannusskerne verwenden.

ZWIEBEL-CASHEW-AUFSTRICH

100 g Cashewnüsse
300 ml kochend heißes Wasser
2 große Zwiebeln (etwa 350 g)
2 – 3 EL Rapsöl
1 EL Weißweinessig
2 – 3 EL fein gehackte glatte Petersilie
1 TL fein gehackter Thymian
Meersalz
frisch gemahlener weißer Pfeffer

- Die Cashewnüsse mit dem Wasser übergießen und 5 – 6 Stunden quellen lassen.
- Dann die Nüsse in einen Durchschlag geben und gut abtropfen lassen.
- Die Zwiebeln schälen, mittelfein hacken und im heißen Öl so lange unter gelegentlichem Rühren schmoren, bis sie glasig und weich sind. Vor der Weiterverwendung abkühlen lassen.
- Die Cashewnüsse in den Mixbehälter der Küchenmaschine oder in den Standmixer geben und fein zerkleinern.
- Die Zwiebeln mit dem Essig zu den Cashewnüssen geben und alles zu einer glatten Creme verarbeiten.
- Die Petersilie und den Thymian unterrühren und den Zwiebel-Cashew-Aufstrich herzhaft mit Salz und Pfeffer abschmecken.
- Den Aufstrich vor dem Servieren im Kühlschrank gut durchkühlen lassen.
- Der Aufstrich hält sich im verschlossenen Glas im Kühlschrank 3 – 4 Tage.

Tipp: Verwenden Sie zur Abwechslung gehäutete Mandeln anstelle der Cashewnüsse.

AUFSTRICHE MIT ÖLFRÜCHTEN

ERDNUSSCREME

300 g ungeröstete, ungesalzene Erdnusskerne
5 – 6 EL Rapsöl, Sonnenblumenöl oder Erdnussöl
1 – 2 TL Meersalz

- Die Erdnüsse in der trockenen Pfanne leicht rösten. Vor der Weiterverwendung abkühlen lassen.
- Die Erdnüsse mit dem Öl und Salz in den Mixbehälter der Küchenmaschine oder in den Standmixer geben und so lange pürieren, bis eine glatte Creme entstanden ist.
- Die Erdnusscreme in ein Schraubglas umfüllen.
- Im Kühlschrank hält sich die Creme mehrere Wochen.

Tipp: *Falls Sie ein sehr leistungsstarkes Mixgerät besitzen, können Sie etwas weniger Öl verwenden. Sollte Ihr Gerät Probleme haben, die Erdnüsse fein zu zerkleinern, hilft es, etwas zusätzliches Öl hinzuzufügen.*

Die Erdnusscreme wird besonders delikat, wenn Sie anstelle des einfachen Meersalzes Rauchsalz verwenden. Oder Sie ersetzen das Salz durch 2 – 3 EL Sojasauce. In diesem Fall können Sie weniger Öl hinzufügen.

Wenn Sie möchten, können Sie auch geröstete und gesalzene Erdnüsse für die Erdnusscreme verwenden. Fügen Sie in diesem Fall kein Salz hinzu.

JOGHURT-TAHIN-AUFSTRICH

2 – 3 EL Sesammus (Tahin)
2 EL Olivenöl
1 EL frisch gepresster Zitronensaft
300 g Sojajoghurt (siehe Tipp)
1 – 2 Knoblauchzehen
4 EL fein gehackte glatte Petersilie
Meersalz
frisch gemahlener weißer Pfeffer

- Das Sesammus mit dem Olivenöl und Zitronensaft mischen.
- Den Sojajoghurt hinzufügen und alles zu einer glatten Creme verrühren.
- Die Knoblauchzehen schälen, zerdrücken und mit der Petersilie unter die Creme rühren. Den Joghurt-Tahin-Aufstrich herzhaft mit Salz und Pfeffer abschmecken.
- Den Aufstrich vor dem Servieren etwa 15 Minuten im Kühlschrank ziehen lassen.
- Der Aufstrich hält sich im verschlossenen Glas im Kühlschrank 2 – 3 Tage.

Tipp: Dieser Aufstrich schmeckt noch frischer, wenn Sie zusätzlich 150 g geschälte (damit der Aufstrich nicht zu »knackig« wird), fein gewürfelte Salatgurke unterrühren.
Achten Sie bitte unbedingt darauf, ungesüßten Sojajoghurt zu verwenden. Einige Hersteller fügen ihrem Natur-Joghurt Zucker bei. Falls Sie Ihren Joghurt selbst herstellen, lassen Sie ihn ebenfalls ungesüßt.

FENCHEL-APFEL-AUFSTRICH MIT SONNENBLUMENKERNEN

1 kleine Fenchelknolle
1 kleiner Apfel
1 kleine Frühlingszwiebel
150 g Sonnenblumenkerne
2 – 3 Blätter Majoran
2 EL frisch gepresster Zitronensaft
etwa 80 ml Wasser
1 TL Kurkumapulver (falls erwünscht)
Meersalz
frisch gemahlener schwarzer Pfeffer

- Die Fenchelknolle vierteln und den harten Strunk herausschneiden. Danach den Fenchel grob zerkleinern. Den Apfel vierteln, entkernen und ebenfalls grob zerkleinern. Die Frühlingszwiebel in Scheiben schneiden.
- Fenchel, Apfel, Frühlingszwiebel und Sonnenblumenkerne in den Mixbehälter der Küchenmaschine oder in den Standmixer geben.
- Majoran, Zitronensaft und Wasser hinzufügen. Alles zu einer glatten Creme verarbeiten. Sollte die Masse nicht cremig werden, noch etwas Wasser dazugeben. Kurkuma unterrühren und den Fenchel-Apfel-Aufstrich herzhaft mit Salz und Pfeffer abschmecken.
- Vor dem Servieren etwa 20 Minuten im Kühlschrank ziehen lassen.
- Der Aufstrich hält sich im verschlossenen Glas im Kühlschrank 2 – 3 Tage.

Tipp: Durch den Apfel wird die Oberfläche des Aufstrichs schnell braun. Wenn Sie den Aufstrich umrühren, bekommt er seine schöne goldgelbe Farbe wieder.

KAROTTEN-TAHIN-AUFSTRICH

2 große Karotten
4 EL geröstetes Kichererbsenmehl
4 EL Sojasahne oder Hafersahne
3 – 4 EL Sesammus (Tahin)
3 EL frisch gepresster Zitronensaft
3 EL fein gehackte glatte Petersilie
2 EL Hefeflocken
2 – 3 MSP gemahlener Kreuzkümmel
Meersalz
frisch gemahlene Chiliflocken

- Die Karotten schälen und grob raspeln.
- Die Karotten mit Kichererbsenmehl, Sojasahne, Sesammus, Zitronensaft, Petersilie, Hefeflocken und Kreuzkümmel verrühren und den Aufstrich herzhaft mit Salz und Chiliflocken abschmecken.
- Vor dem Servieren etwa 30 Minuten im Kühlschrank ziehen lassen.
- Der Aufstrich hält sich im verschlossenen Glas im Kühlschrank 2 – 3 Tage.

KÜRBISKERNAUFSTRICH

150 g Kürbiskerne (siehe Tipp)
4 EL Sonnenblumenöl
3 – 4 EL Kürbiskernöl
2 EL Sojasauce
1 EL frisch gepresster Zitronensaft
2 EL fein gehackter Schnittlauch
frisch gemahlener weißer Pfeffer
Meersalz

- Die Kürbiskerne in der trockenen Pfanne kurz rösten, bis sie duften. Vor der Weiterverwendung abkühlen lassen.
- Die Kerne mit den Ölen, der Sojasauce und dem Zitronensaft in den Mixbehälter der Küchenmaschine oder in den Standmixer geben und alles zu einer glatten Creme pürieren.
- Den Schnittlauch unterrühren und den Kürbiskernaufstrich mit etwas Pfeffer und, falls notwendig, mit etwas Salz abschmecken.
- Der Aufstrich hält sich im verschlossenen Glas im Kühlschrank 5 Tage.

Tipp: Verwenden Sie vorzugsweise dunkelgrüne, schalenlose Kürbiskerne. Sie werden aus dem Steirischen Ölkürbis gewonnen und sind besonders aromatisch. Schalenlose Kürbiskerne erhalten Sie im Reformhaus, in Naturkostläden und in den meisten Supermärkten.

MOHN-ZITRONEN-CREME

3 EL Mohnsamen
150 g streichfähige Margarine
1 ½ EL frisch gepresster Zitronensaft
2 – 3 MSP fein abgeriebene Zitronenschale
Meersalz
frisch gemahlener weißer Pfeffer

- Die Mohnsamen im Universalzerkleinerer, in einer Mohnmühle oder Kaffeemühle fein mahlen oder im Mörser fein zerstoßen.
- Danach mit der Margarine, dem Zitronensaft und der Zitronenschale verrühren.
- Mit etwas Salz und Pfeffer würzen.
- Vor dem Servieren etwa 15 Minuten im Kühlschrank ziehen lassen.
- Die Creme hält sich im verschlossenen Glas im Kühlschrank etwa 7 Tage.

Tipp: Mohnsamen harmonieren gut mit Zitrusfrüchten.

*Probieren Sie auch die folgende **Mohn-Orangen-Creme:***
Verrühren Sie dafür den fein gemahlenen Mohn mit der Margarine. Fügen Sie dann 2 EL fein püriertes Fruchtfleisch einer Orange und 2 MSP fein abgeriebene Orangenschale hinzu. Schmecken Sie die Mohn-Orangen-Creme mit etwas Meersalz und frisch gemahlenem weißen Pfeffer ab.

*Eine **süße Mohncreme** bereiten Sie wie folgt zu:*
Verrühren Sie die fein gemahlenen Mohnsamen mit der Margarine. Fügen Sie nun 1 TL frisch gepressten Zitronensaft, 1 MSP fein abgeriebene Zitronenschale und 3 EL Ahornsirup hinzu. Sollte Ihnen die Mohncreme nicht süß genug sein, können Sie zusätzlich 1 – 2 TL fein gesiebten Puderzucker unterrühren.

MOHN-SESAM-PASTE

40 g geschälte Sesamsamen
40 g Mohnsamen
1 – 2 Knoblauchzehen
4 – 5 EL Sonnenblumenöl
3 EL Olivenöl
1 EL frisch gepresster Zitronensaft
1 TL fein gehackter Thymian
Meersalz
frisch gemahlener weißer Pfeffer

- Die Sesamsamen und Mohnsamen im Universalzerkleinerer, in einer Mohnmühle oder Kaffeemühle fein mahlen oder im Mörser fein zerstoßen.
- Die Knoblauchzehen schälen, zerdrücken und mit den Ölen, dem Zitronensaft und Thymian unter die Mohn-Sesam-Paste rühren. Herzhaft mit Salz und Pfeffer würzen.
- Vor dem Servieren etwa 15 Minuten im Kühlschrank ziehen lassen.
- Die Paste hält sich im verschlossenen Glas im Kühlschrank etwa 7 Tage.

Tipp: Wer möchte, kann den Aufstrich auch mit Mohnöl oder ungeröstetem Sesamöl statt Sonnenblumenöl versuchen. Das intensive Mohn-Sesam-Aroma der Paste kommt dadurch noch ausgeprägter zur Geltung.

ROTE OLIVENPASTE

2 Knoblauchzehen
200 g getrocknete Tomaten
kochend heißes Wasser zum Einweichen der Tomaten
100 g entsteinte schwarze Oliven
2 EL eingelegte Kapern
60 ml Olivenöl
2 EL fein gehacktes Basilikum
1 TL fein gehackter Thymian
1 TL fein gehackter Rosmarin
1 TL fein gehackter Oregano
frisch gemahlener schwarzer Pfeffer

- Die Knoblauchzehen schälen, vierteln und die grünen Keime im Inneren entfernen.
- Die getrockneten Tomaten mit kochend heißem Wasser übergießen und etwa 30 Minuten quellen lassen.
- Die Tomaten gut abtropfen lassen und mit den Oliven, dem Knoblauch und den Kapern im Mixbehälter der Küchenmaschine, im Standmixer oder Universalzerkleinerer fein zerkleinern.
- Das Öl sowie die fein gehackten Kräuter unterrühren und die Olivenpaste mit etwas Pfeffer abschmecken. Vor dem Servieren etwa 15 Minuten abgedeckt bei Raumtemperatur ziehen lassen.
- Die Paste hält sich im verschlossenen Glas im Kühlschrank 7 Tage. Deutlich länger, nämlich bis zu 3 Wochen, hält sich die Olivenpaste im Kühlschrank, wenn sie stets von einer dünnen, etwa 5 mm hohen Schicht Olivenöl bedeckt ist.

Tipp: Diese würzigen mediterranen Olivenpasten schmecken bestens zu knusprigem Baguette oder knuspriger Focaccia.

SCHWARZE OLIVENPASTE

100 g Pinienkerne
200 g schwarze Oliven
2 – 3 EL eingelegte Kapern
2 TL getrocknete Kräuter der Provence
4 – 5 EL Olivenöl
Saft einer halben, kleinen Zitrone
frisch gemahlener schwarzer Pfeffer

- Die Pinienkerne in der trockenen Pfanne kurz rösten, bis sie duften. Vor der Weiterverwendung abkühlen lassen.
- Die Oliven entsteinen. Dann mit den Kapern und Pinienkernen im Mixbehälter der Küchenmaschine, im Standmixer oder Universalzerkleinerer sehr fein zerkleinern, aber nicht zermusen. Mit den Kräutern der Provence, dem Öl und Zitronensaft verrühren. Mit Pfeffer abschmecken.
- Die Olivenpaste vor dem Servieren etwa 15 Minuten abgedeckt bei Raumtemperatur ziehen lassen.
- Die Paste hält sich im verschlossenen Glas im Kühlschrank 7 Tage. Deutlich länger, nämlich bis zu 3 Wochen, hält sich die Olivenpaste im Kühlschrank, wenn sie stets von einer dünnen, etwa 5 mm hohen Schicht Olivenöl bedeckt ist.

SAHNIGER TAHINAUFSTRICH

5 EL geröstetes Kichererbsenmehl
2 TL Johannisbrotkernmehl
200 ml Sojasahne oder Hafersahne
2 EL Sesammus (Tahin)
1 große Knoblauchzehe
2 EL fein gehackte glatte Petersilie
2 EL fein gehackter Schnittlauch
1 – 1 ½ EL milder Weißweinessig
Meersalz
frisch gemahlene Chiliflocken

- Das Kichererbsenmehl und das Johannisbrotkernmehl mischen.
- Die Sojasahne und das Sesammus hinzufügen. So lange mit einem Schneebesen verrühren, bis keine Klümpchen mehr vorhanden sind.
- Die Knoblauchzehe schälen, fein zerdrücken und mit Petersilie, Schnittlauch und Essig unter die Creme ziehen. Den Aufstrich herzhaft mit Salz und Chiliflocken abschmecken.
- Den Tahinaufstrich vor dem Servieren etwa 30 Minuten im Kühlschrank ziehen lassen, wodurch er etwas fester wird.
- Der Aufstrich hält sich im verschlossenen Glas im Kühlschrank 2 – 3 Tage.

SESAM-KNOBLAUCH-AUFSTRICH

125 g geschälte Sesamsamen
3 – 4 Knoblauchzehen
1 TL Meersalz
5 EL Sonnenblumenöl
5 EL Wasser
Saft einer halben, kleinen Zitrone
4 EL fein gehackte glatte Petersilie
frisch gemahlener weißer Pfeffer

* Die Sesamsamen in der trockenen Pfanne kurz rösten, bis sie duften. Vor der Weiterverwendung abkühlen lassen.
* Die Samen in den Mixbehälter der Küchenmaschine oder in den Standmixer geben und fein zerkleinern.
* Die Knoblauchzehen schälen und grob zerkleinern. Dann mit dem Salz, Öl, Wasser und Zitronensaft zu den Sesamsamen in den Mixbehälter geben und zu einer glatten Creme zerkleinern.
* Die Petersilie unterrühren und den Sesam-Knoblauch-Aufstrich mit etwas Pfeffer abschmecken.
* Den Aufstrich vor dem Servieren etwa 15 Minuten im Kühlschrank ziehen lassen.
* Der Aufstrich hält sich im verschlossenen Glas im Kühlschrank 3 – 4 Tage.

Tipp: Noch intensiver nach Sesam schmeckt der Aufstrich, wenn Sie anstelle des Sonnenblumenöls Sesamöl verwenden.

SONNENBLUMEN-SENF-AUFSTRICH

150 g Sonnenblumenkerne
500 ml kochend heißes Wasser
75 ml Sojasahne oder Hafersahne
1 ½ EL mittelscharfer Senf
1 TL scharfer Senf
1 ½ EL weißer Balsamessig
1 EL Hefeflocken
1 Frühlingszwiebel
2 EL fein gehackter Estragon
Meersalz
frisch gemahlener weißer Pfeffer

- Die Sonnenblumenkerne mit dem Wasser übergießen und 6 – 8 Stunden oder auch über Nacht quellen lassen.
- Die gequollenen Kerne in einen Durchschlag geben, mit klarem Wasser abspülen und sehr gut abtropfen lassen. Dann mit der Sojasahne, dem Senf und Essig sowie den Hefeflocken in ein hochwandiges Rührgefäß geben und mit dem Pürierstab zu einer glatten Creme verarbeiten.
- Die Frühlingszwiebel in feine Scheibchen schneiden und mit dem Estragon zur Sonnenblumencreme geben.
- Den Sonnenblumen-Senf-Aufstrich herzhaft mit Salz und Pfeffer abschmecken.
- Vor dem Servieren etwa 20 Minuten im Kühlschrank ziehen lassen.
- Der Aufstrich hält sich im verschlossenen Glas im Kühlschrank 3 – 4 Tage.

Tipp: Passen Sie die Schärfe des Aufstrichs Ihrem persönlichen Geschmack an: Wenn Sie es schärfer vorziehen, verwenden Sie mehr vom scharfen Senf und weniger vom mittelscharfen Senf. Wenn Sie es milder vorziehen, verfahren Sie umgekehrt.

SONNENBLUMEN-TOMATEN-AUFSTRICH

125 g Sonnenblumenkerne
500 ml Wasser
12 getrocknete Tomaten (etwa 55 g)
1 – 2 Knoblauchzehen
8 Blätter Basilikum
4 EL Tomatenmark
3 – 4 EL Olivenöl
1 EL roter Balsamessig
1 TL Johannisbrotkernmehl
Meersalz
frisch gemahlener schwarzer Pfeffer

- Die Sonnenblumenkerne mit dem Wasser in einen Topf geben und zum Kochen bringen. Die Tomaten hinzufügen und alles unter gelegentlichem Rühren 20 – 25 Minuten bei sehr niedriger Temperatur köcheln lassen.
- Die Sonnenblumenkerne und Tomaten in einen Durchschlag geben, gründlich mit klarem Wasser abspülen und sehr gut abtropfen lassen. Dann beide Zutaten in den Mixbehälter der Küchenmaschine oder in den Standmixer geben und kurz zerkleinern.
- Die Knoblauchzehen schälen, grob zerkleinern und mit dem Basilikum, Tomatenmark, Öl, Essig und Johannisbrotkernmehl in den Mixbehälter geben und alles zu einer glatten Creme pürieren. Sollten sich Teile des Aufstrichs am Rand des Mixbehälters absetzen, diese mit Hilfe eines Löffels oder Spatels nach unten drücken, damit auch sie fein zerkleinert werden.
- Den Sonnenblumen-Tomaten-Aufstrich herzhaft mit Salz und Pfeffer abschmecken und vor dem Servieren etwa 20 Minuten im Kühlschrank ziehen lassen.
- Der Aufstrich hält sich im verschlossenen Glas im Kühlschrank knapp 7 Tage.

THAILÄNDISCHER ERDNUSSAUFSTRICH

1 kleine Frühlingszwiebel
½ – 1 rote Peperoni
1 kleine Knoblauchzehe
200 g geröstete, ungesalzene Erdnusskerne
80 – 90 ml Kokosmilch
2 EL frisch gepresster Limettensaft
2 – 3 EL Sesamöl
2 MSP gemahlener Koriander
2 MSP gemahlener Kreuzkümmel
4 EL fein gehackte glatte Petersilie
   oder 2 EL fein gehacktes Koriandergrün
   und 2 EL fein gehacktes Thai-Basilikum
Meersalz

- Die Frühlingszwiebel in Scheiben schneiden. Die Peperoni entkernen und grob zerkleinern. Die Knoblauchzehe schälen und ebenfalls grob zerkleinern.
- Frühlingszwiebel, Peperoni und Knoblauchzehe mit den Erdnüssen in den Mixbehälter der Küchenmaschine oder in den Standmixer geben und kurz zerkleinern.
- Die Kokosmilch, den Limettensaft, das Öl sowie den Koriander und Kreuzkümmel in den Mixbehälter geben und alles zu einer glatten Creme pürieren.
- Die Petersilie unterziehen und den Erdnussaufstrich mit Salz abschmecken.
- Vor dem Servieren etwa 15 Minuten im Kühlschrank ziehen lassen.
- ▣ Der Aufstrich hält sich im verschlossenen Glas im Kühlschrank 3 – 4 Tage.

Tipp: *Falls Sie geröstete und gesalzene Erdnüsse verwenden, benötigen Sie beim Abschmecken weniger Salz.*
Streichen Sie diesen nussigen Aufstrich dick auf Reiswaffeln und genießen Sie eine kleine exotische Brotzeit!

WÜRZIGER ZWIEBEL-MAJORAN-AUFSTRICH

2 große Zwiebeln
85 g natives Kokosöl
1 Würfel frische Hefe (42 g)
250 ml heiße, kräftige Gemüsebrühe
4 EL feine Haferflocken
4 EL (Vollkorn-)Semmelbrösel
1 TL mittelscharfer Senf
2 EL fein gehackter Majoran
1 EL fein gehackter Oregano
1 TL fein gehackter Thymian
frisch gemahlener schwarzer Pfeffer
Meersalz

- Die Zwiebeln schälen und fein hacken.
- Das Kokosöl in der Pfanne zum Schmelzen bringen und die Zwiebeln darin unter gelegentlichem Rühren so lange schmoren, bis sie glasig und weich sind.
- Die Hefe fein zerkrümeln und zur Gemüsebrühe in den Topf geben. Unter Rühren kurz zum Kochen bringen. Den Topf vom Herd nehmen.
- Die Zwiebeln und das Kokosöl zur Gemüsebrühe geben.
- Die Haferflocken und Semmelbrösel unterrühren. Den Senf sowie die fein gehackten Kräuter unterziehen.
- Den Zwiebelaufstrich herzhaft mit Pfeffer und, falls erwünscht, mit Salz abschmecken und vor dem Servieren im Kühlschrank gut durchkühlen lassen.
- Der Aufstrich hält sich im verschlossenen Glas im Kühlschrank 5 Tage.

Tipp: Mir schmeckt dieser würzige Zwiebelaufstrich am besten auf einer Scheibe Roggenbrot. Dazu esse ich gern ein paar Cornichons oder eine Gewürzgurke.
Informationen zu nativem Kokosöl finden Sie auf Seite 18.

AUFSTRICHE MIT HÜLSENFRÜCHTEN

DREI-MINUTEN-HUMMUS

100 ml kaltes Wasser
130 g geröstetes Kichererbsenmehl
4 EL Olivenöl
2 EL Sesammus (Tahin)
2 EL frisch gepresster Zitronensaft
2 – 3 MSP gemahlener Kreuzkümmel
2 – 3 MSP gemahlener Koriander
1 große Knoblauchzehe
1 kleine Frühlingszwiebel
Meersalz
frisch gemahlener schwarzer Pfeffer

- Das Wasser in kleinen Portionen mit einem Schneebesen unter das Kichererbsenmehl rühren. So lange rühren, bis eine glatte, sämige Creme entstanden ist.
- Öl, Sesammus, Zitronensaft sowie Kreuzkümmel und Koriander unterrühren.
- Die Knoblauchzehe schälen, fein zerdrücken und unter die Creme ziehen. Das Grün der Frühlingszwiebel in feine Streifen schneiden und ebenfalls unterrühren (die weiße Zwiebel anderweitig verwenden).
- Den Hummus herzhaft mit Salz und Pfeffer abschmecken.
- Der Hummus hält sich im verschlossenen Glas im Kühlschrank 2 – 3 Tage.

Tipp: Sollte das Kichererbsenmehl sehr viel Wasser aufsaugen und der Hummus zu zähflüssig sein, fügen Sie noch etwas Wasser hinzu.

GRÜNE-LINSEN-ZITRONEN-AUFSTRICH

150 g grüne du Puy Linsen
400 ml Wasser
1 Lorbeerblatt
eventuell 1 kleiner Zweig Bohnenkraut
2 – 3 Knoblauchzehen
4 – 5 EL Olivenöl
3 EL frisch gepresster Zitronensaft
2 MSP fein abgeriebene Zitronenschale
2 EL fein gehackte glatte Petersilie
1 TL fein gehackter Thymian
Meersalz
frisch gemahlener schwarzer Pfeffer

- Die Linsen mit Wasser, Lorbeerblatt und eventuell Bohnenkraut in einen Topf geben. Kurz aufkochen, dann die Temperatur reduzieren und die Linsen 25 – 30 Minuten sehr weich kochen. Dabei gelegentlich umrühren.
- Lorbeerblatt und Bohnenkraut entfernen und die Linsen in einen Durchschlag geben. Mit klarem Wasser abspülen und sehr gut abtropfen lassen.
- Den Knoblauch schälen, grob hacken und in 1 EL heißen Öl anschwitzen.
- Den Knoblauch mit dem restlichen Öl, Zitronensaft und Zitronenschale in ein hochwandiges Rührgefäß geben. Die Linsen hinzufügen. Alles mit dem Pürierstab zu einer glatten Creme verarbeiten.
- Die Petersilie und den Thymian unterrühren und den Aufstrich herzhaft mit Salz und Pfeffer abschmecken.
- Vor dem Servieren etwa 30 Minuten im Kühlschrank ziehen lassen.
- Der Aufstrich hält sich im verschlossenen Glas im Kühlschrank etwa 7 Tage.

Tipp: Dieser frische, fein nach Zitrone schmeckende Aufstrich harmoniert wunderbar mit hellem italienischen oder französischen Landbrot oder anderen hellen Brotspezialitäten, die mit Olivenöl gebacken werden.

BLUMENKOHL-CURRY-AUFSTRICH MIT KICHERERBSENMEHL

1 große Frühlingszwiebel
1 – 2 Knoblauchzehen
2 EL Rapsöl
250 g Blumenkohlröschen
150 ml Wasser
70 g geröstetes Kichererbsenmehl
3 – 4 EL Sojasahne oder Hafersahne
1 EL frisch gepresster Zitronensaft
1 TL mildes Currypulver
1 TL Kurkumapulver
2 EL fein gehacktes Koriandergrün
2 EL fein gehackte glatte Petersilie
Meersalz
frisch gemahlene Chiliflocken

- Die Frühlingszwiebel in mittelfeine Scheiben schneiden, den Knoblauch schälen und grob hacken. Beides im heißen Öl kurz anschwitzen.
- Die Blumenkohlröschen grob zerkleinern und zur Frühlingszwiebel und zum Knoblauch in den Topf geben. Kurz anschwitzen, dann das Wasser hinzufügen. Den Blumenkohl unter gelegentlichem Rühren etwa 20 Minuten sehr weich kochen.
- Den Topf vom Herd nehmen und das Blumenkohlgemüse mit dem Pürierstab fein pürieren. Das Kichererbsenmehl und die Sojasahne hinzufügen und nochmals gründlich pürieren.
- Zitronensaft, Curry, Kurkuma, Koriander und Petersilie hinzufügen und den Blumenkohlaufstrich mit Salz und Chiliflocken pikant abschmecken.
- Den Aufstrich auf Raumtemperatur abkühlen lassen und vor dem Servieren etwa 60 Minuten im Kühlschrank ziehen lassen. Eventuell mit etwas Salz und Chiliflocken nachwürzen.
- ▣ Der Aufstrich hält sich im verschlossenen Glas im Kühlschrank 5 Tage.

Tipp: *Wenn Ihnen das würzige Koriandergrün nicht schmeckt, können Sie es durch 2 EL glatte Petersilie ersetzen.*

BOHNEN-GEMÜSE-AUFSTRICH

300 g weiße Bohnen
1 ½ l Wasser zum Einweichen
1 ½ l Wasser zum Kochen
2 Lorbeerblätter
1 Zwiebel
3 kleine Karotten
1 kleine Fenchelknolle
3 Zweige Thymian
2 kleine Zweige Majoran
1 kleiner Zweig Rosmarin
1 kleiner Zweig Liebstöckel
1 – 2 Knoblauchzehen
3 EL Weißweinessig
2 EL Weizenvollkornmehl
3 EL Olivenöl
3 EL fein gehackte glatte Petersilie
2 EL fein gehackter Schnittlauch
Meersalz
frisch gemahlener weißer Pfeffer

- Die Bohnen über Nacht im Wasser einweichen. Das Einweichwasser abgießen und die Bohnen mit der gleichen Menge frischem Wasser aufsetzen.
- Die Lorbeerblätter hinzufügen und die Bohnen kurz zum Kochen bringen. Die Temperatur reduzieren und die Bohnen unter gelegentlichem Rühren etwa 40 Minuten köcheln lassen.
- Die Zwiebel schälen, ebenso wie die Karotten und den Fenchel mittelfein würfeln und das Gemüse zu den Bohnen in den Topf geben. Thymian, Majoran, Rosmarin und Liebstöckel zu einem Sträußchen zusammen binden und ebenfalls in den Topf geben. Alles 20 – 25 Minuten köcheln lassen, bis die Bohnen und das Gemüse weich sind.

- Das Kräutersträußchen und die Lorbeerblätter entfernen. Das Bohnengemüse in einen Durchschlag geben und abtropfen lassen. Dann mit dem Pürierstab zu einer feinen Creme pürieren.
- Die Knoblauchzehen schälen, zerdrücken und mit dem Essig, Mehl und Öl unter die Creme rühren.
- Die Petersilie und den Schnittlauch unterziehen und den Aufstrich herzhaft mit Salz und Pfeffer abschmecken. Im Kühlschrank gut durchkühlen lassen.
- Der Aufstrich hält sich im verschlossenen Glas im Kühlschrank gut 7 Tage.

Tipp: Die frischen Kräuter für das Kräutersträußchen sind gerade nicht vorrätig? Kein Problem: Geben Sie jeweils ½ TL getrockneten Thymian, Rosmarin, Liebstöckel und Majoran in ein Gewürzsieb oder in ein großes Tee-Ei und lassen Sie sie anstatt der frischen Kräuter mit den Bohnen und dem Gemüse köcheln. Frische Petersilie und frischen Schnittlauch gibt es im Supermarkt das ganze Jahr in kleinen Töpfchen oder im Bund.
Reste des Aufstrichs lassen sich gut bis zu 8 Wochen im Gefriergerät aufbewahren.

GRÜNE-SCHÄLERBSEN-APFEL-AUFSTRICH

1 Zwiebel
1 – 2 EL Rapsöl
1 großer Apfel
300 ml Wasser
125 g grüne Schälerbsen
4 EL (Vollkorn-)Semmelbrösel
2 EL Sojasahne oder Hafersahne
1 EL Apfel-Balsamessig oder 1 TL Apfelessig
1 TL mildes Currypulver
3 EL fein gehackter Schnittlauch
Meersalz
frisch gemahlener weißer Pfeffer

- Die Zwiebel schälen, mittelfein würfeln und im heißen Öl anschwitzen.
- Den Apfel vierteln, entkernen und würfeln. Zur Zwiebel in den Topf geben und ebenfalls kurz anschwitzen.
- Das Wasser und die Schälerbsen hinzufügen. Alles unter gelegentlichem Rühren bei niedriger Temperatur 40 – 50 Minuten köcheln lassen. Zum Ende der Kochzeit sollten die Erbsen sehr weich und die Kochflüssigkeit aufgesogen sein.
- Die Erbsenzubereitung gründlich mit dem Pürierstab pürieren. Semmelbrösel und Sojasahne hinzufügen und nochmals kurz pürieren.
- Essig, Currypulver und Schnittlauch unterrühren und den Aufstrich herzhaft mit Salz und Pfeffer abschmecken.
- Den Aufstrich vor dem Servieren im Kühlschrank gut durchkühlen lassen. Falls notwendig, mit etwas Salz und Pfeffer nachwürzen.
- Der Aufstrich hält sich im verschlossenen Glas im Kühlschrank etwa 7 Tage.

Tipp: Probieren Sie diesen fruchtig milden Aufstrich auf einer Scheibe Pumpernickel!

INDISCHER ROTE-LINSEN-AUFSTRICH

125 g rote Linsen
225 ml Wasser
eventuell 1 Zweig Bohnenkraut
1 große Zwiebel
1 – 2 Knoblauchzehen
1 kirschgroßes Stück frischer Ingwer
2 EL Rapsöl oder Erdnussöl
2 Karotten
2 Gewürznelken
1 Lorbeerblatt
2 – 3 EL fein gehacktes Koriandergrün
1 – 2 EL Weißweinessig
1 TL mildes Currypulver
1 TL Kurkumapulver
Meersalz
frisch gemahlener weißer Pfeffer

- Die Linsen mit dem Wasser aufkochen. Die Temperatur reduzieren, eventuell das Bohnenkraut hinzufügen und die Linsen unter Rühren etwa 12 Minuten sehr weich kochen, bis sie anfangen, zu zerfallen.
- Den Topf vom Herd nehmen, Bohnenkraut entfernen und die Linsen mit einer Gabel zermusen. Sie brauchen nicht ganz fein zermust zu werden.
- Zwiebel, Knoblauch und Ingwer schälen, fein hacken und im heißen Öl anschwitzen. Die Karotten sehr fein würfeln und mit den Gewürznelken und dem Lorbeerblatt zum Zwiebelgemüse geben. Unter gelegentlichem Rühren so lange schmoren, bis die Karotten weich sind. Die Gewürznelken und das Lorbeerblatt entfernen.
- Das Zwiebel-Karotten-Gemüse mit den Linsen verrühren. Koriandergrün, Essig, Currypulver und Kurkuma unterrühren und den Linsenaufstrich herzhaft mit Salz und etwas Pfeffer abschmecken.
- Vor dem Servieren im Kühlschrank gut durchkühlen lassen.
- ▣ Der Aufstrich hält sich im verschlossenen Glas im Kühlschrank etwa 7 Tage.

Tipp: *Wenn Sie zu diesem Linsenaufstrich Chapati (indisches Fladenbrot) servieren, erhalten Sie eine kleine indische Mahlzeit. Selbstverständlich macht sich der Aufstrich auch auf anderen Brotsorten und Brötchen gut.*

ROTE-BOHNEN-RUCOLA-AUFSTRICH

200 g gegarte Kidneybohnen
50 g geputzter, sehr gut abgetropfter Rucola
½ Schalotte
1 kleine Tomate
1 kleine Knoblauchzehe
2 – 3 EL Olivenöl
1 EL Tomatenmark
1 TL roter Balsamessig
Meersalz
frisch gemahlener schwarzer Pfeffer

- Die Kidneybohnen mit der Gabel oder dem Kartoffelstampfer fein zermusen.
- Den Rucola mittelfein hacken, die Schalotte schälen und sehr fein hacken, die Tomate fein würfeln. Den Knoblauch schälen und fein zerdrücken. Rucola, Schalotte, Tomate, Öl, Tomatenmark, Essig und Knoblauch zu den Kidneybohnen geben und alles vorsichtig verrühren.
- Den Bohnenaufstrich herzhaft mit Salz und Pfeffer abschmecken und vor dem Servieren etwa 15 Minuten im Kühlschrank ziehen lassen.
- ▣ Der Aufstrich hält sich im verschlossenen Glas im Kühlschrank 2 – 3 Tage.

> **Tipp:** Bereiten Sie mit dem Rote-Bohnen-Rucola-Aufstrich ein italienisches Panino (belegtes Brötchen) zu: Schneiden Sie ein knuspriges Baguettebrötchen auf und beträufeln Sie die aufgeschnittenen Hälften jeweils mit 1 TL Olivenöl. Legen Sie 1 Salatblatt auf die untere Brötchenhälfte und verteilen Sie reichlich vom Aufstrich darauf. Legen Sie 2 hauchdünne Tomatenscheiben und 1 entsteinte, in feine Scheibchen geschnittene schwarze Olive darauf. Legen Sie dann die obere Brötchenhälfte vorsichtig auf Ihr Panino und genießen Sie eine kleine Brotzeit aus Bella Italia.

LINSEN-BIRNEN-AUFSTRICH

1 große Schalotte
1 Knoblauchzehe
1 – 2 EL Olivenöl
130 g grüne du Puy Linsen
100 ml trockener Rotwein,
    ersatzweise abgekühlte Gemüsebrühe mit 1 EL Rotweinessig
100 ml Wasser
1 große Birne
2 große Blätter Salbei
4 EL Maismehl
1 EL Rotweinessig
4 EL fein gehackte glatte Petersilie
Meersalz
frisch gemahlener schwarzer Pfeffer

- Die Schalotte und Knoblauchzehe schälen, fein hacken und in einem Topf im heißen Öl anschwitzen.
- Linsen sowie Rotwein und Wasser hinzufügen. Alles kurz zum Kochen bringen. Die entkernte und fein gewürfelte Birne sowie die Salbeiblätter hinzufügen und unter gelegentlichem Rühren etwa 30 Minuten köcheln lassen, bis die Linsen weich sind und die Birne zerfallen ist.
- Den Topf vom Herd nehmen, die Salbeiblätter entfernen und die Linsenmischung mit dem Pürierstab kurz pürieren. Das Maismehl und den Essig hinzufügen und nochmals kurz pürieren.
- Die Petersilie unterrühren und den Linsen-Birnen-Aufstrich herzhaft mit Salz und Pfeffer abschmecken.
- Den Aufstrich vor dem Servieren gut im Kühlschrank durchkühlen lassen. Falls notwendig, mit etwas Salz und Pfeffer nachwürzen.
- ▣ Der Aufstrich hält sich im verschlossenen Glas im Kühlschrank etwa 7 Tage.

Tipp: Falls Sie keinen frischen Salbei haben (zum Beispiel im Winter), lassen Sie stattdessen ½ TL getrockneten Salbei in einem Gewürzsieb oder Tee-Ei mit den Linsen und der Birne köcheln.
Probieren Sie diesen delikaten Aufstrich zu Nussbrot. Sie werden begeistert sein!

SCHWARZER TEUFELSAUFSTRICH

125 g schwarze (Beluga-)Linsen
300 ml Wasser
2 kleine Frühlingszwiebeln
1 Knoblauchzehe
1 große rote Peperoni
1 kleine rote Paprikaschote
4 EL fein gehacktes Basilikum
3 EL Tomatenmark
2 EL Olivenöl
1 EL (Vollkorn-)Semmelbrösel
1 TL Rotweinessig
2 MSP gemahlener Kreuzkümmel
Meersalz

- Die Linsen mit dem Wasser zum Kochen bringen. Die Temperatur deutlich reduzieren und die Linsen unter gelegentlichem Rühren etwa 25 Minuten sehr weich kochen.
- Die Linsen in einen Durchschlag geben, mit klarem Wasser abspülen und sehr gut abtropfen lassen.
- Die Frühlingszwiebeln in feine Scheibchen schneiden. Die Knoblauchzehe schälen und ebenso wie die Peperoni sehr fein hacken. Die Paprika sehr fein würfeln.
- Die Linsen mit der Gabel oder dem Kartoffelstampfer leicht zermusen. Sie brauchen nicht ganz fein zermust zu werden.
- Frühlingszwiebeln, Knoblauch, Peperoni und Paprika mit den Linsen vermischen. Basilikum, Tomatenmark, Öl sowie Semmelbrösel, Essig und Kreuzkümmel unterziehen.
- Den Aufstrich herzhaft mit Salz abschmecken und vor dem Servieren etwa 60 Minuten im Kühlschrank ziehen lassen.
- Der Aufstrich hält sich im verschlossenen Glas im Kühlschrank 3 – 4 Tage.

Tipp: Wenn Sie es nicht ganz so teuflisch scharf mögen oder Kinder mitessen, verwenden Sie deutlich weniger Peperoni. Gut dosierte Schärfe lässt sich auch durch Zugabe einer kleinen Menge scharfem Paprikapulver oder roter Chilisauce erzeugen.

MEXIKANISCHER AUFSTRICH

1 Knoblauchzehe
½ rote Peperoni
200 g gegarte Kidneybohnen
3 – 4 EL Sojasahne oder Hafersahne
2 EL frisch gepresster Limettensaft
2 MSP fein abgeriebene Limettenschale
1 kleine rote Paprikaschote
1 Frühlingszwiebel
4 EL gegarter Gemüsemais
3 EL Tomatenmark
4 EL fein gehackte glatte Petersilie
2 MSP gemahlener Kreuzkümmel
2 MSP gemahlener Koriander
1 TL mildes Paprikapulver
Meersalz

- Die Knoblauchzehe schälen und grob zerkleinern, die Peperoni entkernen und ebenfalls zerkleinern. Beides mit den Kidneybohnen in ein hochwandiges Rührgefäß geben.
- Die Sojasahne, den Limettensaft und die Limettenschale hinzufügen und alles mit dem Pürierstab zu einer glatten Creme verarbeiten.
- Die Paprika sehr fein würfeln. Das Grün der Frühlingszwiebel in feine Scheibchen schneiden (die weiße Zwiebel anderweitig verwenden). Die Paprika, das Grün der Frühlingszwiebel, den Mais und das Tomatenmark zum Bohnenmus geben und unterrühren.
- Petersilie, Kreuzkümmel, Koriander und Paprikapulver unterziehen.
- Den Aufstrich herzhaft mit Salz würzen und vor dem Servieren etwa 20 Minuten im Kühlschrank ziehen lassen.
- ▣ Der Aufstrich hält sich im verschlossenen Glas im Kühlschrank 3 – 4 Tage.

Tipp: Streichen Sie diesen Aufstrich zum Beispiel auf Tortillas.

TOMATEN-ROSMARIN-HUMMUS

300 g gegarte Kichererbsen
3 EL Wasser oder abgekühlte Gemüsebrühe
3 – 4 EL Olivenöl
2 – 3 EL frisch gepresster Zitronensaft
3 MSP fein abgeriebene Zitronenschale
1 große Knoblauchzehe
2 kleine Tomaten
5 – 6 entsteinte schwarze Oliven
2 EL fein gehackte glatte Petersilie
1 TL fein gehackter Rosmarin
Meersalz
scharfes Paprikapulver

- Die Kichererbsen mit dem Wasser oder der Gemüsebrühe, Öl, Zitronensaft und Zitronenschale in ein hochwandiges Rührgefäß geben und mit dem Pürierstab zu einer glatten Creme verarbeiten.
- Die Knoblauchzehe schälen und fein zerdrücken, die Tomaten sehr fein würfeln und die Oliven fein hacken. Diese Zutaten mit der Petersilie und dem Rosmarin zum Kichererbsenpüree geben.
- Den Hummus herzhaft mit Salz und scharfem Paprikapulver abschmecken und abgedeckt im Kühlschrank etwa 30 Minuten ziehen lassen.
- Der Aufstrich hält sich im verschlossenen Glas im Kühlschrank 3 – 4 Tage.

Tipp: Der Tomaten-Rosmarin-Hummus schmeckt lecker zu Focaccia. Sie können auch Pitabrote damit füllen. Toll schmeckt es, wenn Sie die Pitabrote gut zur Hälfte mit dem Tomaten-Rosmarin-Hummus füllen und darauf in feine Spalten geschnittene Zwiebel, sehr fein gewürfelte rote Paprikaschote und mild eingelegte grüne Pfefferschoten (Peperonischoten) geben.

WEISSE-BOHNEN-WALNUSS-CREME

75 g Walnusskerne
250 g gegarte weiße Bohnen
100 ml Sojadrink oder Reisdrink
1 ½ EL weißer Balsamessig
1 kleine Frühlingszwiebel
2 EL fein gehackter Schnittlauch
Meersalz
frisch gemahlene Chiliflocken

- Die Walnusskerne in der trockenen Pfanne rösten, bis sie duften. Vor der Weiterverwendung abkühlen lassen.
- Die Bohnen mit dem Sojadrink in ein hochwandiges Rührgefäß geben und mit dem Pürierstab fein pürieren. Die Walnusskerne sowie den Essig hinzufügen und alles nochmals gründlich pürieren.
- Die Frühlingszwiebel in feine Scheiben schneiden und mit dem Schnittlauch zur Creme geben. Die Bohnen-Walnuss-Creme herzhaft mit Salz und Chiliflocken abschmecken.
- Vor dem Servieren etwa 20 Minuten im Kühlschrank ziehen lassen.
- Die Creme hält sich im verschlossenen Glas im Kühlschrank 3 – 4 Tage.

Tipp: *Diese fein nussige Creme schmeckt sehr gut auf Schwarzbrot oder Pumpernickel.*

AUFSTRICHE MIT TOFU UND SOJA

GRIECHISCHER AUBERGINENAUFSTRICH

1 große Aubergine
Olivenöl für die Form
200 g Tofu
1 EL frisch gepresster Zitronensaft
4 EL Olivenöl
1 Zwiebel
2 – 3 Knoblauchzehen
2 EL fein gehackte Minze
2 EL fein gehacktes Basilikum
3 MSP fein abgeriebene Zitronenschale
3 MSP gemahlener Kreuzkümmel
Meersalz
grüne Chilisauce

- Die Haut der Aubergine mehrmals mit einer Gabel einstechen. Die Aubergine in eine leicht eingeölte Auflaufform legen. Die Backofen-temperatur auf 200 °C einstellen und die Aubergine etwa 50 Minuten oder so lange backen, bis das Fruchtfleisch weich ist.
- Die Aubergine etwas abkühlen lassen. Die Haut abziehen, das Frucht-fleisch grob würfeln und in ein hochwandiges Rührgefäß geben.
- Den Tofu grob würfeln und zur Aubergine in das Rührgefäß geben. Den Zitronensaft und 2 EL Olivenöl hinzufügen und alles mit dem Pürierstab zu einer glatten Creme pürieren.
- Die Zwiebel und die Knoblauchzehen schälen, fein hacken und im restlichen Öl anschwitzen. Mit den Kräutern, der Zitronenschale und dem Kreuzkümmel zur Auberginencreme geben und alles gründlich vermischen.
- Den Auberginenaufstrich herzhaft mit Salz und Chilisauce abschmecken und vor dem Servieren im Kühlschrank gut durchkühlen lassen.
- ▣ Der Aufstrich hält sich im verschlossenen Glas im Kühlschrank 4 – 5 Tage.

Tipp: Sparen Sie Energie und Zeit und bereiten Sie gleich zwei oder mehr Aufstriche auf Auberginenbasis wie den Auberginenkaviar von Seite 39 oder den süßen Auberginen-Orangen-Aufstrich von Seite 127 auf einmal zu. Die Auberginen können dann gleichzeitig im Backofen garen.

KRESSE-TOFU-AUFSTRICH

200 g Tofu
5 – 6 EL Sojasahne oder Hafersahne
2 – 3 EL Sojadrink oder Reisdrink
2 EL Olivenöl
2 EL frisch gepresster Zitronensaft
1 Frühlingszwiebel
1 Knoblauchzehe
1 Schälchen Kresse (etwa 15 g oder 5 EL)
Meersalz
frisch gemahlener weißer Pfeffer

- Den Tofu grob würfeln und mit der Sojasahne, dem Sojadrink, Öl und Zitronensaft in ein hochwandiges Rührgefäß geben. Mit dem Pürierstab zu einer glatten Creme verarbeiten.
- Die Frühlingszwiebel in feine Scheibchen schneiden. Den Knoblauch schälen und fein zerdrücken, die Kresse aus dem Schälchen zupfen. Diese Zutaten zum Tofu geben und vorsichtig vermischen.
- Den Aufstrich mit Salz und Pfeffer würzen und vor dem Servieren etwa 15 Minuten im Kühlschrank ziehen lassen.
- Der Aufstrich hält sich im verschlossenen Glas im Kühlschrank 2 – 3 Tage.

Tipp: Kresse lässt sich leicht auf der Fensterbank ziehen. Außerdem ist sie im Handel das ganze Jahr über in Schälchen erhältlich, sodass man sich diesen leckeren »Vitaminkick« oft aufs Brot streichen kann.

FRÜHLINGS-»QUARK«

400 g Seidentofu
150 ml Sojasahne oder Hafersahne
Saft einer halben, kleinen Zitrone
1 TL Johannisbrotkernmehl
1 kleine rote Paprikaschote
5 Radieschen
2 kleine Frühlingszwiebeln
4 – 5 EL fein gehackter Schnittlauch
1 TL mildes Paprikapulver
3 – 4 MSP scharfes Paprikapulver
Meersalz
frisch gemahlener weißer Pfeffer

- Die Flüssigkeit vom Seidentofu abgießen. Den Tofu mit der Sojasahne, dem Zitronensaft und Johannisbrotkernmehl in ein hochwandiges Rührgefäß geben und mit dem Pürierstab zu einer glatten Creme verarbeiten.
- Die Paprika und die Radieschen sehr fein würfeln. Die Frühlingszwiebeln in feine Scheibchen schneiden. Das Gemüse zur Tofucreme geben und unterziehen.
- Den Schnittlauch und das Paprikapulver hinzufügen und den Frühlings-»Quark« herzhaft mit Salz und Pfeffer abschmecken.
- Vor dem Servieren etwa 20 Minuten im Kühlschrank ziehen lassen und, falls notwendig, mit etwas Salz nachwürzen.
- Der Aufstrich hält sich im verschlossenen Glas im Kühlschrank 2 – 3 Tage.

Tipp: Dieser würzige Aufstrich schmeckt zu vielen Anlässen gut: zum Abendessen auf Schwarzbrot oder Roggenbrot, zum Frühstück auf frischen Brötchen oder als leichtes Mittagessen mit etwas Baguette. Außerdem macht er sich gut auf einem Buffet und als Beilage beim Grillen.

MILDER RÄUCHERTOFU-TOMATEN-AUFSTRICH

½ kleine rote Zwiebel
175 g Räuchertofu
1 Tomate
4 EL Sojasahne oder Hafersahne
4 EL (Vollkorn-)Semmelbrösel (35 g)
1 EL Tomatenmark
1 TL scharfer Senf
½ TL Rauchsalz
frisch gemahlener weißer Pfeffer

- Die Zwiebel schälen und ebenso wie den Räuchertofu und die Tomate grob würfeln. Zwiebel, Tofu und Tomate in den Mixbehälter der Küchenmaschine oder in den Standmixer geben und alles fein zerkleinern.
- Sojasahne, Semmelbrösel, Tomatenmark, Senf und Salz hinzufügen und nochmals mixen, bis eine glatte Creme entstanden ist.
- Den Aufstrich mit etwas Pfeffer abschmecken und vor dem Servieren etwa 20 Minuten im Kühlschrank ziehen lassen.
- ▣ Der Aufstrich hält sich im verschlossenen Glas im Kühlschrank 3 – 4 Tage.

Tipp: Das Rauchsalz verleiht dem Aufstrich ein zusätzliches fein würziges Raucharoma. Sollten Sie kein Rauchsalz haben, können Sie auch normales Meersalz verwenden.

NORDISCHER RÄUCHERTOFUAUFSTRICH

1 kleine rote Zwiebel
1 – 2 EL Rapsöl
3 – 4 Cornichons
175 g Räuchertofu
3 EL Sojasahne oder Hafersahne
1 EL Sojasauce
eventuell 2 – 3 TL Wasser oder abgekühlte Gemüsebrühe
2 TL mittelscharfer Senf
2 EL fein gehackter Schnittlauch
1 EL fein gehackter Dill
frisch gemahlener weißer Pfeffer

- Die Zwiebel schälen, fein hacken und im heißen Öl anschwitzen. Vor der Weiterverwendung abkühlen lassen.
- Die Cornichons sehr fein würfeln.
- Den Räuchertofu würfeln und mit Sojasahne, Sojasauce, 2 – 3 EL Einlegeflüssigkeit der Cornichons oder Wasser und dem Senf in ein hochwandiges Rührgefäß geben. Mit dem Pürierstab zu einer glatten Creme verarbeiten.
- Die Cornichons mit der Zwiebel zur Räuchertofucreme geben. Die Kräuter unterziehen und den Aufstrich mit etwas Pfeffer abschmecken.
- Vor dem Servieren etwa 20 Minuten im Kühlschrank ziehen lassen.
- Der Aufstrich hält sich im verschlossenen Glas im Kühlschrank 3 – 4 Tage.

> **Tipp:** *Falls Sie gerne Sonnenblumenkerne essen, können Sie 2 – 3 EL davon zum Aufstrich geben. Der herzhafte Aufstrich schmeckt lecker zu Schwarzbrot oder Roggenknäckebrot.*

SOJAAUFSTRICH NACH FRISCHKÄSEART

1 l Sojadrink (siehe Tipp)
60 ml Weißweinessig
3 – 4 EL Sonnenblumenöl
2 EL frisch gepresster Zitronensaft
feines Meersalz
frisch gemahlener weißer Pfeffer

- Den Sojadrink in einen Topf gießen und unter Rühren erhitzen. Kurz bevor er kocht, den Essig hinzufügen, wodurch der Sojadrink zu Klümpchen eindickt. Unter Rühren 1 – 2 Minuten kochen, dann vom Herd
- nehmen. Die Sojazubereitung gut 60 Minuten ruhen lassen, ohne sie umzurühren. Dabei setzt sich der Sojabruch an der Oberfläche ab.
- Einen Durchschlag mit einem dünnen, frischen Geschirrtuch oder Seihtuch auslegen und die Sojamasse durch das Tuch abgießen, wodurch der Sojabruch im Tuch aufgefangen wird.
- Die Ecken des Tuchs nach oben zusammenschlagen und die Sojamasse mit den Händen so lange ausdrücken, bis sie ungefähr die Konsistenz von Frischkäse hat. 1 l Sojadrink sollte gut 250 g Sojamasse ergeben.
- Die Masse in eine Schüssel geben und Öl sowie Zitronensaft hinzufügen. Mit Salz und einer Prise Pfeffer abschmecken. Der Aufstrich kann sofort, ohne weitere Zutaten wie Frischkäse genossen werden. Noch besser schmeckt er, wenn er vor dem Verzehr 1 – 2 Stunden im Kühlschrank gekühlt wurde.
- Der Aufstrich hält sich im verschlossenen Glas im Kühlschrank 3 Tage.

Tipp: Je nach Hersteller unterscheiden sich Sojadrinks im Geschmack und in der Farbe. Damit der Sojaaufstrich nicht nur in der Konsistenz, sondern auch farblich Frischkäse ähnelt, sollten Sie bei der Zubereitung einen möglichst hellen Sojadrink verwenden. Möchten Sie dem Sojaaufstrich einen goldgelben Farbton geben, können Sie ½ TL Kurkumapulver unterrühren. Achten Sie darauf, ungesüßten Sojadrink zu verwenden!

Noch cremiger wird der Aufstrich, wenn Sie zusätzlich 2 – 3 EL Sojasahne unterziehen.

Dieser Aufstrich lässt sich leicht zubereiten. Mitunter muss man beim Ausdrücken jedoch ein wenig experimentieren, bis man weiß, wann die richtige Konsistenz erreicht ist. Sollte die Sojamasse nach dem Ausdrücken zu fest und krümelig sein, lässt sie sich durch Zugabe von etwas kaltem Wasser oder Sojasahne cremig rühren.

VARIATIONEN DES SOJAAUFSTRICHS NACH FRISCHKÄSEART

SOJAAUFSTRICH MIT SCHALOTTEN UND KNOBLAUCH

1 Rezeptmenge Sojaaufstrich nach Frischkäseart (siehe Seite 118)
2 kleine Schalotten
1 – 2 Knoblauchzehen
3 EL fein gehackter Schnittlauch
3 EL fein gehackte krause Petersilie

- Den Sojaaufstrich wie im Rezept beschrieben zubereiten.
- Die Schalotten und Knoblauchzehen schälen und sehr fein hacken.
- Den Aufstrich mit Schalotten, Knoblauch und Kräutern vermischen.
- Vor dem Servieren etwa 2 Stunden im Kühlschrank ziehen lassen.

SOJAAUFSTRICH MIT PIKANTER PAPRIKA

1 Rezeptmenge Sojaaufstrich nach Frischkäseart (siehe Seite 118)
1 kleine rote Paprikaschote
1 kleine grüne Paprikaschote
1 kleine rote Zwiebel
1 Knoblauchzehe
2 TL Tomatenmark
1 TL mildes Paprikapulver, scharfes Paprikapulver

- Den Sojaaufstrich wie im Rezept beschrieben zubereiten.
- Die Paprika sehr fein würfeln. Zwiebel schälen und sehr fein hacken, Knoblauch schälen und fein zerdrücken. Paprika, Zwiebel und Knoblauch zum Sojaaufstrich geben. Tomatenmark und mildes Paprikapulver unterrühren und herzhaft mit scharfem Paprikapulver abschmecken.
- Vor dem Servieren etwa 60 Minuten im Kühlschrank ziehen lassen.

SOJAAUFSTRICH MIT TOMATEN UND BASILIKUM

1 Rezeptmenge Sojaaufstrich nach Frischkäseart (siehe Seite 118)
4 große getrocknete Tomaten
kochend heißes Wasser zum Einweichen der Tomaten
5 EL fein gehacktes Basilikum
2 TL Tomatenmark
1 TL mildes Paprikapulver

- Den Sojaaufstrich wie im Rezept beschrieben zubereiten.
- Die Tomaten mit kochend heißem Wasser übergießen und 15 Minuten darin quellen lassen. Das Wasser abgießen und die Tomaten sehr fein würfeln. Die Tomaten und die restlichen Zutaten zum Sojaaufstrich geben und kurz verrühren.
- Vor dem Servieren etwa 2 Stunden im Kühlschrank ziehen lassen.

SOJAAUFSTRICH MIT KRESSE UND ZWIEBELN

1 Rezeptmenge Sojaaufstrich nach Frischkäseart (siehe Seite 118)
1 Schälchen Kresse (etwa 15 g oder 5 EL)
2 kleine Frühlingszwiebeln

- Den Sojaaufstrich wie im Rezept beschrieben zubereiten.
- Die Kresse aus dem Schälchen zupfen. Die Frühlingszwiebeln in feine Scheibchen schneiden.
- Frühlingszwiebeln und Kresse mit dem Sojaaufstrich vermischen.
- Vor dem Servieren etwa 60 Minuten im Kühlschrank ziehen lassen.

TOMATEN-TOFU-AUFSTRICH

200 g Tofu
1 mittelgroße Tomate
3 EL Tomatenmark
2 EL Olivenöl
1 EL Weißweinessig
1 kleine Knoblauchzehe
2 – 3 EL fein gehacktes Basilikum
1 TL mildes Paprikapulver
Meersalz
frisch gemahlener schwarzer Pfeffer

- Den Tofu und die Tomate grob würfeln. Beides mit Tomatenmark, Öl und Essig in ein hochwandiges Rührgefäß geben und mit dem Pürierstab zu einer glatten Creme verarbeiten.
- Die Knoblauchzehe schälen, fein zerdrücken und mit dem Basilikum und Paprikapulver unter die Creme rühren. Den Tomaten-Tofu-Aufstrich herzhaft mit Salz und Pfeffer abschmecken.
- Den Aufstrich vor dem Servieren etwa 30 Minuten im Kühlschrank ziehen lassen.
- Der Aufstrich hält sich im verschlossenen Glas im Kühlschrank 3 – 4 Tage.

Tipp: Dieser cremige Tomatenaufstrich macht sich gut auf den meisten mediterranen Brotspezialitäten.

STREICHCREME AUF FRANZÖSISCHE ART

70 g Paranusskerne
200 g Tofu
100 ml Sojadrink oder Reisdrink
1 – 2 Knoblauchzehen
10 Blättchen Basilikum
1 EL Weißweinessig
½ TL Roh-Rohrzucker
2 TL getrocknete Kräuter der Provence
Meersalz
frisch gemahlener schwarzer Pfeffer

- Die Paranusskerne im Mixbehälter der Küchenmaschine oder im Standmixer fein zerkleinern.
- Den Tofu grob würfeln und mit dem Sojadrink zu den Nüssen in den Mixbehälter geben. Gründlich mixen, bis eine glatte Creme entstanden ist.
- Die Knoblauchzehen schälen, halbieren und die grünen Keime entfernen. Den Knoblauch grob hacken und mit Basilikum, Essig und Zucker zur Tofu-Nuss-Zubereitung in den Mixbehälter geben. Alles nochmals gründlich pürieren.
- Die Kräuter der Provence unterrühren und die Streichcreme herzhaft mit Salz und Pfeffer abschmecken.
- Vor dem Servieren etwa 30 Minuten im Kühlschrank ziehen lassen.
- Die Creme hält sich im verschlossenen Glas im Kühlschrank 3 – 4 Tage.

Tipp: Diese Streichcreme schmeckt nicht nur auf knusprigem Baguette, sondern auch zu frisch geröstetem Toast sehr gut.

TOFU-KÜRBISKERN-AUFSTRICH

4 EL Kürbiskerne (siehe Tipp Seite 87)
200 g Tofu
3 EL Sojasahne oder Hafersahne
2 EL Kürbiskernöl
1 ½ – 2 EL weißer Balsamessig
1 kleiner Zweig Rosmarin
1 kleine rote Zwiebel
3 EL fein gehackter Schnittlauch
Meersalz
frisch gemahlener weißer Pfeffer

- Die Kürbiskerne in der trockenen Pfanne kurz rösten, bis sie duften. Vor der Weiterverwendung abkühlen lassen.
- Den Tofu grob würfeln und mit der Sojasahne, dem Kürbiskernöl und Essig in ein hochwandiges Rührgefäß geben. Mit dem Pürierstab zu einer glatten Creme verarbeiten.
- Die Rosmarinnadeln vom Zweig zupfen und mit den Kürbiskernen zur Creme geben. Alles nochmals gründlich pürieren.
- Die Zwiebel schälen, sehr fein hacken und mit dem Schnittlauch unter die Creme rühren. Den Aufstrich herzhaft mit Salz und Pfeffer abschmecken.
- Den Tofu-Kürbiskern-Aufstrich etwa 20 Minuten im Kühlschrank ziehen lassen.
- Der Aufstrich hält sich im verschlossenen Glas im Kühlschrank 3 – 4 Tage.

Tipp: Wenn Sie keinen frischen Rosmarin haben, können Sie stattdessen nach dem Pürieren ½ TL getrockneten Rosmarin unterrühren.

TOFU-ORANGEN-CURRY-AUFSTRICH

1 kleine Frühlingszwiebel
1 EL Rapsöl
1 kleine Orange
200 g Tofu
1 EL frisch gepresster Zitronensaft
1 TL mildes Currypulver
1 TL Kurkumapulver
3 EL fein gehackte glatte Petersilie
Meersalz
frisch gemahlene Chiliflocken

- Die Frühlingszwiebel in feine Ringe schneiden, im heißen Rapsöl anschwitzen und danach abkühlen lassen.
- Die Orange so weit schälen, dass auch die weiße Innenhaut mit entfernt wird. Danach die Orange entkernen und grob würfeln. Den Tofu ebenfalls grob würfeln und mit der Orange in ein hochwandiges Rührgefäß geben.
- Zitronensaft, Currypulver und Kurkuma hinzufügen und alles mit dem Pürierstab zu einer glatten Creme pürieren.
- Frühlingszwiebel und Petersilie unterziehen und den Aufstrich herzhaft mit Salz und Chiliflocken abschmecken.
- Vor dem Servieren etwa 15 Minuten im Kühlschrank ziehen lassen.
- Der Aufstrich hält sich im verschlossenen Glas im Kühlschrank 3 – 4 Tage.

Tipp: Eine ganz besonders schöne Farbe erhält der Aufstrich, wenn Sie eine Blutorange verwenden.

SÜSSE AUFSTRICHE

AUBERGINEN-ORANGEN-AUFSTRICH

1 große Aubergine
Rapsöl für die Form
80 g Sultaninen
Saft einer Orange
5 EL Roh-Rohrzucker
2 EL Wasser
1 EL frisch gepresster Zitronensaft
4 MSP fein abgeriebene Orangenschale

- Die Haut der Aubergine mit einer Gabel mehrmals einstechen. Die Aubergine in eine leicht eingeölte Auflaufform legen. Die Temperatur des Backofens auf 200 °C einstellen und die Aubergine etwa 50 Minuten oder so lange backen, bis das Fruchtfleisch weich ist.
- Die Sultaninen mit dem Orangensaft übergießen und so lange darin quellen lassen, bis die Aubergine weich gebacken ist.
- Die Aubergine etwas abkühlen lassen. Die Haut abziehen, das Fruchtfleisch grob würfeln und mit den Sultaninen und dem Orangensaft in ein hochwandiges Rührgefäß geben.
- Den Zucker mit dem Wasser in eine kleine Pfanne geben und bei hoher Temperatur unter Rühren so lange erhitzen, bis der Zucker karamellisiert. Den Zucker zur Auberginenzubereitung geben.
- Den Zitronensaft und die Orangenschale hinzufügen und alles mit dem Pürierstab zu einer glatten Creme verarbeiten.
- Den Aufstrich im Kühlschrank gut durchkühlen lassen.
- ▣ Der Aufstrich hält sich im verschlossenen Glas im Kühlschrank 4 – 5 Tage.

Tipp: Sparen Sie Energie und Zeit und bereiten Sie gleich zwei oder mehr Aufstriche auf Auberginenbasis wie den griechischen Auberginenaufstrich von Seite 113 oder den Auberginenkaviar von Seite 39 auf einmal zu. Die Auberginen können dann gleichzeitig im Backofen garen.

BANANEN-MOKKA-CREME

1 TL Instantkaffee
2 EL kochend heißes Wasser
1 große Banane
3 – 4 EL Roh-Rohrzucker
2 ½ EL ungesüßtes Kakaopulver
1 knapp gestrichener TL Johannisbrotkernmehl
5 EL gehackte Mandeln
3 EL Sojasahne oder Hafersahne

- Den Instantkaffee im heißen Wasser auflösen.
- Die Banane schälen, in Scheiben schneiden und mit dem Zucker in eine Schüssel geben. Dann mit einer Gabel zermusen und so lange rühren, bis sich der Zucker aufgelöst hat.
- Den aufgelösten Kaffee, Kakaopulver und Johannisbrotkernmehl zur Bananenmischung geben und alles gründlich verrühren.
- Die gehackten Mandeln und die Sojasahne unterziehen.
- Die Creme hält sich im verschlossenen Glas im Kühlschrank etwa 3 Tage.

Tipp: Anstelle des Instantkaffees und des Wassers können Sie 2 ½ EL frisch gekochten, starken Espresso oder Mokka verwenden.
Die Bananen-Mokka-Creme ist fix gemacht und schmeckt himmlisch zu frischen Croissants!

BANANEN-NUSS-AUFSTRICH

1 große Banane
100 g gemahlene Haselnusskerne
100 g Sultaninen
2 – 3 EL Sonnenblumenöl
2 EL frisch gepresster Zitronensaft
1 EL Agavendicksaft oder Ahornsirup

- Die Banane schälen, in Scheiben schneiden und mit den restlichen Zutaten in ein hochwandiges Rührgefäß geben.
- Alles mit dem Pürierstab zu einer glatten Creme verarbeiten.
- Den Bananen-Nuss-Aufstrich vor dem Servieren etwa 15 Minuten im Kühlschrank ziehen lassen.
- Der Aufstrich hält sich im verschlossenen Glas im Kühlschrank etwa 3 Tage.

Tipp: 1 gehäufter EL Carobpulver, der zusätzlich untergerührt wird, verfeinert diesen superschnell zusammengerührten Bananen-Nuss-Aufstrich zusätzlich.

FIXER SCHOKO-HAFER-AUFSTRICH

100 g feine Haferflocken
1 TL Bourbonvanillezucker
1 MSP feines Meersalz
60 ml Agavendicksaft
100 ml kalter Sojadrink oder Reisdrink
4 EL ungesüßtes Kakaopulver
3 EL Zartbitter-Raspelschokolade

- Die Haferflocken, den Zucker, das Salz und den Agavendicksaft mit dem Sojadrink in ein hochwandiges Rührgefäß geben.
- Mit dem Pürierstab zu einer glatten Creme verarbeiten. Das Kakaopulver hinzufügen und nochmals kurz pürieren.
- Die Raspelschokolade unterziehen und den Aufstrich servieren.
- Der Aufstrich hält sich im verschlossenen Glas im Kühlschrank 4 Tage.

Tipp: Der Schoko-Hafer-Aufstrich lässt sich mühelos zubereiten und kann sofort serviert werden. Das feine Schokoladenaroma kommt allerdings besser zur Geltung, wenn der Aufstrich etwa 30 Minuten im Kühlschrank ziehen konnte.
Falls Sie es etwas weniger süß vorziehen, verwenden Sie weniger Agavendicksaft und ersetzen die fehlende Flüssigkeit durch etwas Sojadrink oder Reisdrink.

KALT GERÜHRTES PFLAUMENMUS

200 g entsteinte Trockenpflaumen
50 ml frisch gekochter Schwarztee
3 EL frisch gepresster Zitronensaft
2 EL Ahornsirup
1/3 TL gemahlener Zimt
1/2 Vanilleschote
1 MSP gemahlene Gewürznelken

- Die Trockenpflaumen mit dem Tee und Zitronensaft in ein hochwandiges Rührgefäß geben und abgedeckt 3 Stunden ziehen lassen. Dabei gelegentlich umrühren.
- Den Ahornsirup, Zimt, das ausgekratzte Mark der Vanilleschote und die Nelken zu den Trockenpflaumen geben und alles mit dem Pürierstab zu einer glatten Creme verarbeiten.
- Das Pflaumenmus vor dem Servieren etwa 20 Minuten im Kühlschrank ziehen lassen.
- Das Pflaumenmus hält sich im verschlossenen Glas im Kühlschrank etwa 7 Tage.

CAROB-LINSEN-AUFSTRICH

125 g rote Linsen
etwa 225 ml Wasser
3 EL Sojasahne oder Hafersahne
3 EL Roh-Rohrzucker
2 EL Ahornsirup
1 ½ EL Carobpulver
1 TL Lebkuchengewürz
1 MSP feines Meersalz

- Die Linsen mit dem Wasser kurz aufkochen. Die Temperatur reduzieren und die Linsen unter gelegentlichem Rühren etwa 12 Minuten sehr weich kochen, bis sie anfangen, zu zerfallen.
- Die Linsen mit den restlichen Zutaten in ein hochwandiges Rührgefäß geben und alles mit dem Pürierstab zu einer glatten Creme verarbeiten.
- Den Carob-Linsen-Aufstrich vor dem Servieren im Kühlschrank gut durchkühlen lassen.
- Der Aufstrich hält sich im verschlossenen Glas im Kühlschrank 5 Tage.

Tipp: Falls Sie kein Carobpulver haben, können Sie auch ungesüßtes Kakaopulver verwenden.

ORANGEN-APRIKOSEN-AUFSTRICH

2 Orangen (450 – 500 g)
150 g getrocknete Soft-Aprikosen (siehe Tipp)
1 kirschgroßes Stück frischer Ingwer
Saft einer halben Zitrone
1 TL Johannisbrotkernmehl
2 – 3 MSP fein abgeriebene Orangenschale

- Die Orangen so weit schälen, dass auch die weiße Innenhaut entfernt wird. Dann die Orangen in Spalten schneiden und gegebenenfalls von den Kernen befreien.
- Die Aprikosen und den Ingwer grob zerkleinern.
- Orangen, Aprikosen, Ingwer und Zitronensaft in den Mixbehälter der Küchenmaschine oder in den Standmixer geben und alles zu einer glatten Creme zerkleinern.
- Das Johannisbrotkernmehl und die Orangenschale unterrühren.
- Den Orangen-Aprikosen-Aufstrich vor dem Servieren etwa 30 Minuten im Kühlschrank ziehen lassen.
- ▣ Der Aufstrich hält sich im verschlossenen Glas im Kühlschrank 3 – 4 Tage.

Tipp: *Falls Sie einen leistungsstarken Pürierstab haben, können Sie die Früchte und den Ingwer auch mit diesem zerkleinern.*
Statt der Soft-Aprikosen können Sie auch normale getrocknete Aprikosen verwenden. Weichen Sie diese vorher etwa 60 Minuten in etwas Wasser ein. Lassen Sie die Aprikosen nach dem Einweichen gut abtropfen und verfahren Sie weiter wie im Rezept beschrieben.

MANGO-KOKOS-AUFSTRICH

200 g gewürfeltes Fruchtfleisch einer reifen Mango
100 g Kokosmilch (siehe Tipp)
2 EL frisch gepresster Limettensaft
2 EL Roh-Rohrzucker
1 TL Johannisbrotkernmehl
3 – 4 EL Kokosraspel

- Das Fruchtfleisch der Mango, die Kokosmilch, den Limettensaft und Zucker in ein hochwandiges Rührgefäß geben und alles mit dem Pürierstab zu einer feinen Creme pürieren.
- Das Johannisbrotkernmehl hinzufügen und nochmals kurz pürieren.
- Die Kokosraspel unterziehen und den Mango-Kokos-Aufstrich etwa 90 Minuten im Kühlschrank ziehen lassen, wodurch er etwas fester wird.
- Der Aufstrich hält sich im verschlossenen Glas im Kühlschrank 2 – 3 Tage.

Tipp: Stellen Sie das Rührgefäß zum Abmessen und gleichzeitigen Einfüllen der Zutaten am besten auf die Waage: Wiegen Sie die Mango ab, geben Sie die Kokosmilch dazu, dann die restlichen Zutaten, und pürieren Sie die Mischung anschließend.
Der Aufstrich wird noch cremiger, wenn Sie anstelle der homogenen Kokosmilch den sämigen Kokosrahm verwenden, der sich in der Kokosmilchdose oder im Tetrapack oben absetzt und nach dem Öffnen abgeschöpft werden kann, falls der Inhalt nicht vorher geschüttelt wird.

»MILCH«-KARAMELL-CREME

für etwa 2 Gläser (jeweils etwa 300 ml Volumen)

150 g Roh-Rohrzucker
1 MSP feines Meersalz
3 EL Wasser
400 ml Sojadrink oder Reisdrink
200 ml Kokosmilch
1 Päckchen Bourbonvanillezucker
1 MSP Backnatron
2 ½ TL Johannisbrotkernmehl

- Den Zucker mit dem Salz und Wasser in einen Topf geben. Unter ständigem Rühren erhitzen, bis der Zucker karamellisiert.
- Zuerst den Sojadrink und dann die Kokosmilch hinzufügen. Den Vanillezucker und das Natron unterrühren. Alles unter Rühren kurz zum Kochen bringen.
- Das Johannisbrotkernmehl durch ein feines Sieb streichen und unterrühren. Die »Milch«-Karamell-Creme nochmals unter Rühren zum Kochen bringen und so lange kochen, bis sie eindickt.
- Die Creme noch heiß in Gläser füllen. Die Deckel aufsetzen und fest verschließen. Die Gläser eventuell etwa 5 Minuten auf den Kopf stellen, dann wieder umdrehen und die Creme abkühlen lassen.
- ▣ Die Creme hält sich im Kühlschrank etwa 2 Wochen.

Tipp: Die »Milch«-Karamell-Creme gelingt am besten und wird besonders cremig, wenn Sie Kokosmilch mit einem hohen Kokosanteil (mindestens 60 Prozent) verwenden.

SCHOKO-NUSS-CREME

200 g Haselnusskerne
120 g natives Kokosöl
4 – 5 EL Puderzucker (siehe Tipp)
3 – 4 EL ungesüßtes Kakaopulver (falls erwünscht, auch mehr)

- Die Haselnusskerne in der trockenen Pfanne kurz rösten, bis sie duften. Vor der Weiterverwendung abkühlen lassen. Dann im Mixbehälter der Küchenmaschine oder im Standmixer fein zerkleinern. Das Kokosöl, den Zucker und das Kakaopulver hinzufügen. So lange mixen, bis die Creme glatt und geschmeidig ist.
- Damit sich die Creme gut verstreichen lässt, sollte sie 30 Minuten vor dem Servieren aus dem Kühlschrank genommen werden.
- Der Aufstrich hält sich in einem verschlossenen Glas im Kühlschrank mehrere Wochen.

Tipp: Damit die Creme sicher gelingt, ist es wichtig, das Kokosöl frühzeitig aus dem Kühlschrank zu nehmen und an einen warmen Ort zu stellen oder es, falls zu Letzterem keine Zeit ist, in einem Topf vorsichtig so lange zu erwärmen, bis es zu schmelzen beginnt (weitere Informationen zu nativem Kokosöl finden Sie auf Seite 18).
Falls Ihnen die Schoko-Nuss-Creme zu süß ist, verwenden Sie etwas weniger Puderzucker. Mögen Sie es eher richtig süß, geben Sie zusätzlich 1 – 2 EL Puderzucker dazu. Für diese Creme habe ich verschiedene Süßungsmittel ausprobiert: Agavendicksaft finde ich in dieser Kombination zu exotisch, Ahornsirup zu malzig, und Vollrohrzucker knirscht beim Kauen – auch wenn er sehr fein gemahlen ist –, weil er sich nicht gut genug auflöst. Deshalb ist mir für diesen Aufstrich letztendlich Puderzucker zum Süßen am liebsten.

SÜSSES MANDELMUS

200 g Mandeln
2 – 3 EL Ahornsirup
2 EL Rapsöl oder Mandelöl
2 EL frisch gepresster Zitronensaft
1 TL Bourbonvanillezucker
1 MSP feines Meersalz

- Die Mandeln häuten, siehe Seite 18.
- Dann die Mandeln mit dem Ahornsirup, Öl, Zitronensaft, Zucker und Salz in den Mixbehälter der Küchenmaschine oder in den Standmixer geben und gründlich pürieren. Sollten sich Teile der Mandelmasse am Rand des Mixbehälters absetzen, diese mit Hilfe eines Löffels oder Spatels nach unten drücken, damit auch sie fein zerkleinert werden.
- Sollte die Mandelmasse nach dem Pürieren noch zu trocken sein, rühren Sie etwas zusätzliches Öl unter, bis das Mus schön cremig ist.
- Das Mandelmus hält sich in einem verschlossenen Glas im Kühlschrank mehrere Wochen.

TOFU-DATTEL-NUSS-AUFSTRICH

60 g Haselnusskerne
200 g Tofu
100 g weiche entsteinte Datteln
3 – 4 EL Sojamilch oder Reismilch
3 EL Ahornsirup
2 EL frisch gepresster Zitronensaft
1 TL Bourbonvanillezucker
1 MSP feines Meersalz

- Die Haselnusskerne in der trockenen Pfanne rösten, bis sie duften. Vor der Weiterverwendung abkühlen lassen. Dann in den Mixbehälter der Küchenmaschine oder in den Standmixer geben und fein zerkleinern.
- Den Tofu grob würfeln und mit den zerkleinerten Datteln zu den Nüssen in das Mixgerät geben. Die restlichen Zutaten hinzufügen und alles zu einer glatten Creme pürieren.
- Den Aufstrich vor dem Servieren etwa 20 Minuten im Kühlschrank ziehen lassen.
- Der Aufstrich hält sich im verschlossenen Glas im Kühlschrank 3 – 4 Tage.

Tipp: Falls Sie härtere getrocknete Datteln verwenden, sollten Sie diese über Nacht in etwas Wasser einweichen und vor der Verarbeitung gut abtropfen lassen.

VANILLE-HASELNUSSMUS

200 g Haselnusskerne
½ Vanilleschote
5 – 6 EL Ahornsirup
5 – 6 EL Sonnenblumenöl oder Haselnussöl
1 MSP feines Meersalz

- Die Haselnusskerne in der trockenen Pfanne rösten, bis sie duften. Vor der Weiterverwendung abkühlen lassen. Dann die Nüsse im Mixbehälter der Küchenmaschine oder im Standmixer fein zerkleinern.
- Das Mark der Vanilleschote auskratzen und mit den restlichen Zutaten zu den Nüssen geben. Nochmals gründlich mixen, bis eine glatte Creme entstanden ist.
- Das Vanille-Haselnussmus vor dem Servieren etwa 30 Minuten im Kühlschrank ziehen lassen.
- Der Aufstrich hält sich im verschlossenen Glas im Kühlschrank mehrere Wochen.

MARMELADEN UND GELEES

ANANAS-BANANEN-MARMELADE

für etwa 3 Gläser (jeweils etwa 300 ml Volumen)

650 g mittelfein gewürfelte frische Ananas
350 g Bananen in Scheiben
250 g Roh-Rohrzucker
½ Vanilleschote
Schale einer halben, unbehandelten Zitrone
2 TL Agar-Agar-Pulver
4 – 5 EL frisch gepresster Zitronensaft

- Ananaswürfel, Bananenscheiben und Zucker in einen Topf geben. Alles unter Rühren kurz zum Kochen bringen, dann die Temperatur deutlich reduzieren.
- Das Mark der Vanilleschote auskratzen und mit der Schote zum Obst in den Topf geben. Alles unter gelegentlichem Rühren etwa 15 Minuten köcheln lassen, bis das Obst sehr weich ist.
- Die Vanilleschote entfernen. Die Zitronenschale unterrühren.
- Nun das Obst mit dem Pürierstab pürieren. Je nach Geschmack kann es zu einer feinen, glatten Creme werden oder etwas stückig bleiben.
- Das Agar-Agar-Pulver mit dem Zitronensaft verrühren und zur Frucht-zubereitung in den Topf geben. Die Ananas-Bananen-Marmelade unter ständigem Rühren zum Kochen bringen, dann unter weiterem Rühren etwa 3 Minuten köcheln lassen.
- Die Marmelade noch heiß in Gläser füllen. Die Deckel aufsetzen und fest verschließen. Die Gläser eventuell etwa 5 Minuten auf den Kopf stellen, dann wieder umdrehen. Bei Raumtemperatur abkühlen lassen.

Tipp: *Falls Sie es weniger süß vorziehen, reichen auch 200 g Zucker.*

APRIKOSEN-LAVENDEL-MARMELADE

für etwa 3 Gläser (jeweils etwa 300 ml Volumen)

150 g Roh-Rohrzucker
150 ml trockener Weißwein,
    ersatzweise ungesüßter heller Traubensaft mit 1 EL Weißweinessig
4 – 5 blühende Zweige Lavendel
1 kg entsteinte Aprikosen
2 TL Agar-Agar-Pulver
4 EL frisch gepresster Zitronensaft

- Den Zucker mit dem Wein in einem kleinen Topf unter Rühren erhitzen. Kurz zum Kochen bringen und die Lavendelzweige dazugeben. Etwa 1 Minute kochen lassen, dann den Topf vom Herd nehmen. Den Deckel auflegen und den Sud etwa 6 Stunden oder über Nacht ziehen lassen. Danach den Lavendel entfernen.
- Die Aprikosen fein würfeln. Dann mit dem Zucker-Wein-Sud in einen Topf geben und unter Rühren zum Kochen bringen. Die Temperatur reduzieren und die Aprikosen etwa 5 Minuten köcheln lassen, bis sie weich sind.
- Das Agar-Agar-Pulver mit dem Zitronensaft verrühren und in den Topf geben. Die Fruchtzubereitung unter ständigem Rühren zum Kochen bringen, dann 3 weitere Minuten unter Rühren köcheln lassen.
- Die Marmelade noch heiß in Gläser füllen. Die Deckel aufsetzen und fest verschließen. Die Gläser eventuell etwa 5 Minuten auf den Kopf stellen, dann wieder umdrehen. Bei Raumtemperatur abkühlen lassen.

Tipp: Falls Sie keinen blühenden Lavendel auf dem Balkon oder im Garten haben, können Sie auch getrocknete Lavendelblüten verwenden. Geben Sie in diesem Fall 1 TL getrocknete Lavendelblüten in ein Gewürzsieb oder Tee-Ei und lassen Sie dies wie beschrieben im Zucker-Wein-Sud ziehen.

ERDBEER-BASILIKUM-MARMELADE

für etwa 3 Gläser (jeweils etwa 300 ml Volumen)

1 kg Erdbeeren
300 ml trockener Rotwein,
    ersatzweise ungesüßter roter Traubensaft mit 1 EL Rotweinessig
200 g Roh-Rohrzucker
4 EL roter Balsamessig
3 EL sehr fein gehacktes Basilikum
2 ½ TL Agar-Agar-Pulver
3 – 4 EL frisch gepresster Zitronensaft

- Die Erdbeeren in kleine Stücke schneiden. Mit dem Rotwein, Zucker und Essig in einen Topf geben. Alles unter Rühren zum Kochen bringen. Die Temperatur reduzieren und die Erdbeeren etwa 5 Minuten köcheln lassen, bis sie weich sind.
- Das Basilikum hinzufügen.
- Das Agar-Agar-Pulver mit dem Zitronensaft verrühren und in den Topf geben. Die Fruchtzubereitung unter ständigem Rühren zum Kochen bringen, dann 3 weitere Minuten unter Rühren köcheln lassen.
- Die Marmelade noch heiß in Gläser füllen. Die Deckel aufsetzen und fest verschließen. Die Gläser eventuell etwa 5 Minuten auf den Kopf stellen, dann wieder umdrehen. Bei Raumtemperatur abkühlen lassen.

Tipp: *Wenn Sie möchten, geben Sie zusätzlich 5 – 6 EL gehackte Mandeln zur Marmelade. Geben Sie die Mandeln nach dem ersten Aufkochen der Marmelade in den Topf.*

ORANGEN-KAROTTEN-MARMELADE

für etwa 3 Gläser (jeweils etwa 300 ml Volumen)

600 g mittelfein gewürfeltes Orangenfruchtfleisch
400 g grob geraspelte Karotten
150 g Roh-Rohrzucker
1 TL fein abgeriebene Orangenschale
2 1/3 TL Agar-Agar-Pulver
100 ml frisch gepresster Zitronensaft

- Das Orangenfruchtfleisch, die Karotten und den Zucker in einen Topf geben und unter Rühren zum Kochen bringen. Die Temperatur reduzieren und die Orangen-Karotten-Mischung etwa 20 Minuten unter gelegentlichem Rühren sehr weich kochen.
- Die Orangenschale unterrühren und die Zubereitung mit dem Pürierstab fein pürieren.
- Das Agar-Agar-Pulver mit dem Zitronensaft verrühren und zur Fruchtzubereitung in den Topf geben. Unter ständigem Rühren zum Kochen bringen, dann 3 weitere Minuten unter Rühren köcheln lassen.
- Die Marmelade noch heiß in Gläser füllen. Die Deckel aufsetzen und fest verschließen. Die Gläser eventuell etwa 5 Minuten auf den Kopf stellen, dann wieder umdrehen. Bei Raumtemperatur abkühlen lassen.

FIXE ROTE-GRÜTZE-MARMELADE

für etwa 3 Gläser (jeweils etwa 300 ml Volumen)

*1 kg tiefgefrorene oder frische gemischte Beeren
(Himbeeren, Erdbeeren,
rote und schwarze Johannisbeeren,
Heidelbeeren)
150 g Roh-Rohrzucker
3 EL frisch gepresster Zitronensaft
2 TL Johannisbrotkernmehl*

- Die tiefgefrorenen Beeren mit dem Zucker und Zitronensaft in einen Topf geben und unter gelegentlichem Rühren erhitzen. So lange köcheln lassen, bis die Beeren weich sind und sich Saft gebildet hat.
- Das Johannisbrotkernmehl durch ein feines Sieb streichen und unterrühren. Alles unter Rühren zum Kochen bringen. So lange kochen lassen, bis die Marmelade eindickt.
- Die Marmelade noch heiß in Gläser füllen. Die Deckel aufsetzen und fest verschließen. Die Gläser eventuell etwa 5 Minuten auf den Kopf stellen, dann wieder umdrehen. Bei Raumtemperatur abkühlen lassen.
- ▣ Lagern Sie die Rote-Grütze-Marmelade nach dem Abkühlen im Kühlschrank und verbrauchen Sie sie innerhalb von etwa 2 Wochen.

LÖWENZAHNBLÜTENHONIG

für 3 bis 4 Gläser (jeweils etwa 300 ml Volumen)

500 g frisch gepflückte Löwenzahnblüten
2 ½ l Wasser
2 große unbehandelte Zitronen
1 kg Roh-Rohrzucker
1 ½ – 1 ¾ TL Agar-Agar-Pulver
3 – 4 EL Wasser

- Die Löwenzahnblüten kurz abbrausen und abtropfen lassen. Mit dem Wasser in einen großen Topf geben.
- Die Zitronen in dünne Scheiben schneiden, diese entkernen und zu den Blüten in den Topf geben. Alles unter gelegentlichem Rühren zum Kochen bringen. Die Temperatur reduzieren und den Sud 15 – 20 Minuten unter gelegentlichem Rühren köcheln lassen.
- Den Topf vom Herd nehmen und den Sud abgedeckt mindestens 12, gern auch 24 Stunden bei Raumtemperatur ziehen lassen.
- Die Zitronenscheiben entfernen. Einen Durchschlag mit einem dünnen, frischen Geschirrtuch oder Seihtuch auslegen und den Sud durch den Durchschlag in einen zweiten Topf abgießen. Die Ecken des Tuchs hochschlagen und die Blütenmasse fest auspressen, bis keine Flüssigkeit mehr austritt. Insgesamt benötigen Sie knapp 2 ½ l Flüssigkeit.
- Den Zucker in den Sud einrieseln und alles unter Rühren kurz aufkochen lassen. Die Temperatur deutlich reduzieren und unter gelegentlichem Rühren etwa 90 Minuten auf knapp die Hälfte einkochen lassen.
- Das Agar-Agar-Pulver mit dem Wasser verrühren. Zum Löwenzahnsud geben und unter ständigem Rühren nochmals zum Kochen bringen, dann 3 weitere Minuten unter Rühren köcheln lassen.
- Den Löwenzahnblütenhonig noch heiß in Gläser füllen. Die Deckel aufsetzen und fest verschließen. Die Gläser eventuell etwa 5 Minuten auf den Kopf stellen, dann wieder umdrehen und den Löwenzahnblütenhonig abkühlen lassen.

Tipp: *Die Konsistenz dieses »Honigs« hängt davon ab, wie stark Sie den Sud einkochen lassen und wie viel Agar-Agar-Pulver Sie verwenden. Bei stärkerem Einkochen und der Höchstmenge Agar-Agar (1 ¾ TL) wird der Löwenzahnhonig sehr dickflüssig und ähnelt fast einem Gelee. Wenn Sie weniger Agar-Agar verwenden, wird er etwas flüssiger.*

Wenn Sie Geduld haben und vor der Zuckermenge nicht zurückschrecken, können Sie 2 kg Roh-Rohrzucker statt 1 kg Zucker verwenden und den Sud unter gelegentlichem Rühren gut 2 Stunden zu einer sirupartigen Konsistenz einkochen. Bei dieser Zubereitung wird kein Agar-Agar hinzugefügt.

Damit der Löwenzahnblütenhonig sein volles Aroma und seine schöne Farbe entfalten kann, sollten die Löwenzahnblüten trocken sein und bei vollem Sonnenschein gepflückt werden. Achten Sie darauf, dass die Blüten nicht durch Autoabgase (zum Beispiel am Straßenrand) oder Exkremente verunreinigt sind und nicht von stark gedüngten Wiesen stammen.

LÖWENZAHNBLÜTENGELEE

für 3 bis 4 Gläser (jeweils etwa 300 ml Volumen)

250 g frisch gepflückte Löwenzahnblüten
1 ¼ l Wasser
Saft und abgeriebene Schale einer unbehandelten Zitrone
200 g Roh-Rohrzucker
2 TL Agar-Agar-Pulver

- Die gelben Zungenblüten von den grünen Blütenkörbchen der Löwenzahnblüten trennen, weil für das Gelee nur die gelben Blütenblätter verwendet werden. Je größer und offener die Blüten sind, desto leichter geht das Trennen. Damit das Gelee sein volles Aroma entfalten kann, sollten die Löwenzahnblüten trocken sein und bei vollem Sonnenschein gepflückt werden (siehe auch Tipp auf Seite 147).
- Die Blütenblätter in einen Durchschlag geben und gut mit klarem Wasser abbrausen, dann etwas abtropfen lassen. Die Blütenblätter mit dem Wasser in einen Topf geben und kurz zum Kochen bringen. Unter gelegentlichem Rühren etwa 10 Minuten köcheln lassen.
- Den Topf vom Herd nehmen und den Sud mindestens 12, gern auch 24 Stunden, bei Raumtemperatur ziehen lassen.
- Einen Durchschlag mit einem dünnen, frischen Geschirrtuch oder Seihtuch auslegen und den Sud durch den Durchschlag in einen zweiten Topf abgießen. Die Ecken des Tuchs hochschlagen und die Blütenmasse fest auspressen, bis keine Flüssigkeit mehr austritt. Insgesamt benötigen Sie gut 1 l Sud.
- Die Zitronenschale zum Sud geben. Den Zucker einrieseln und unter Rühren kurz aufkochen lassen.
- Das Agar-Agar-Pulver mit dem Zitronensaft verrühren und zum Sud geben. Unter ständigem Rühren nochmals zum Kochen bringen, dann 3 weitere Minuten unter Rühren köcheln lassen.
- Das Gelee noch heiß in Gläser füllen. Die Deckel aufsetzen und fest verschließen. Damit sich die Zitronenschale beim Abkühlen und Gelieren gleichmäßig verteilt, während der ersten halben Stunde die Gläser mehrmals kurz auf den Kopf stellen und wieder umdrehen. Bei Raumtemperatur abkühlen lassen.

KIWI-MINZE-MARMELADE

für etwa 3 Gläser (jeweils etwa 300 ml Volumen)

1 kg fein gewürfeltes Kiwifruchtfleisch
150 g Roh-Rohrzucker
2 TL Agar-Agar-Pulver
4 EL frisch gepresster Zitronensaft
4 EL fein gehackte Minze

- Das Kiwifruchtfleisch mit dem Zucker in einen Topf geben. Unter Rühren zum Kochen bringen. Die Temperatur reduzieren und die Mischung 2 – 3 Minuten köcheln, bis sie weich ist.
- Das Agar-Agar-Pulver mit dem Zitronensaft verrühren und in den Topf geben. Die fein gehackte Minze hinzufügen. Die Fruchtzubereitung unter ständigem Rühren erneut zum Kochen bringen, dann 3 weitere Minuten unter Rühren köcheln lassen.
- Die Marmelade noch heiß in Gläser füllen. Die Deckel aufsetzen und fest verschließen. Die Gläser eventuell etwa 5 Minuten auf den Kopf stellen, dann wieder umdrehen. Bei Raumtemperatur abkühlen lassen.

Tipp: Ein feines Schokoaroma erhält die Kiwi-Minze-Marmelade, wenn Sie nach dem Kochen mit Agar-Agar und vor dem Abfüllen 5 EL Zartbitter-Raspelschokolade unterrühren.

RHABARBER-ORANGEN-MARMELADE

für etwa 3 Gläser (jeweils etwa 300 ml Volumen)

700 g fein gewürfelter Rhabarber
300 g fein gewürfeltes Orangenfruchtfleisch
200 g Roh-Rohrzucker
½ Vanilleschote
2 TL Agar-Agar-Pulver
4 EL frisch gepresster Zitronensaft

- Den Rhabarber und das Orangenfruchtfleisch mit dem Zucker und dem ausgekratzten Mark der Vanilleschote in einen Topf geben. Unter Rühren zum Kochen bringen. Die Temperatur reduzieren und die Mischung 8 – 10 Minuten köcheln lassen, bis der Rhabarber weich ist.
- Das Agar-Agar-Pulver mit dem Zitronensaft verrühren und in den Topf geben. Unter ständigem Rühren nochmals zum Kochen bringen, dann 3 weitere Minuten unter Rühren köcheln lassen.
- Die Marmelade heiß in Gläser füllen. Die Deckel aufsetzen und fest verschließen. Die Gläser eventuell etwa 5 Minuten auf den Kopf stellen, dann wieder umdrehen. Bei Raumtemperatur abkühlen lassen.

Tipp: *Diese Marmelade ist eine klassische »Übergangsmarmelade«: Der Frühling hat gerade Einzug gehalten und der erste Rhabarber sprießt im Garten. Die letzten Orangen des Winters befinden sich noch in der Speisekammer oder Obstschale. Beides ergibt eine fruchtige Kombination, die das Frühstück auch an launischen Apriltagen versüßt.*

ZITRONENGELEE MIT ROSMARIN

für etwa 4 Gläser (jeweils etwa 300 ml Volumen)

250 ml trockener Weißwein,
 ersatzweise ungesüßter heller Traubensaft mit 2 EL Weißweinessig
4 kleine Zweige Rosmarin
etwa 12 unbehandelte Zitronen
 (benötigt werden 500 ml frisch gepresster Zitronensaft
 und abgeriebene Schale von 4 Zitronen)
1 kg Gelierzucker 1:1

- Den Weißwein mit dem Rosmarin in einen Topf geben und kurz zum Kochen bringen. Den Topf vom Herd nehmen, den Deckel auflegen und den Sud etwa 4 Stunden ziehen lassen.
- Die Rosmarinzweige entfernen.
- Von 4 Zitronen mit einem Zestenreißer die Schalen ablösen und zum Wein in den Topf geben. Alle Zitronen auspressen, den Saft durch einen Filter gießen und mit dem Gelierzucker zum Weinsud geben (es werden 500 ml Saft benötigt).
- Die Flüssigkeit unter Rühren zum Kochen bringen und unter weiterem Rühren 4 – 5 Minuten sprudelnd kochen.
- Das Gelee heiß in Gläser füllen. Die Deckel aufsetzen und fest verschließen. Die Gläser eventuell etwa 5 Minuten auf den Kopf stellen, dann wieder umdrehen. Bei Raumtemperatur abkühlen lassen.

Tipp: *Falls Sie keinen frischen Rosmarin haben, geben Sie stattdessen 1 ½ TL getrockneten Rosmarin in ein Gewürzsieb oder Tee-Ei und kochen ihn mit dem Wein auf. Verfahren Sie anschließend wie im Rezept beschrieben. Sie können natürlich auch ungefilterten Zitronensaft verwenden. Durch die kleinen Fruchtstückchen, die beim Auspressen in den Saft gelangen, wird das Gelee in diesem Fall eher trüb als »zitronig« klar.*

DIE AUTORIN

Heike Kügler-Anger arbeitete lange als Eng-
lischdozentin in der Erwachsenenbildung.
2006 tauschte sie die Lehrbücher gegen
den Kochlöffel ein und hat seitdem zahl-
reiche Kochbücher zur vegetarischen und
veganen Küche veröffentlicht.

Außerdem schreibt sie redaktionelle
Texte zu den Themen Kochen, Ernährung
und Gesundheit, ist als Referentin im Be-
reich Ernährung und Gesundheit tätig und
erteilt Kochkurse. Ihr Lebensmittelpunkt
ist seit 15 Jahren der Odenwald, wo sie mit
ihrem besten Testesser (ihrem Ehemann) sowie mit mehreren adoptierten
Hunden und Katern in einem kleinen Dorf heimisch geworden ist.

Weitere Informationen zur Autorin finden Sie auf ihrer Internetseite
www.hkanger.de sowie auf ihrem Blog www.regenbogenkombuese.de.

Von Heike Kügler-Anger sind im pala-verlag bereits folgende Titel erschienen:
- Vegetarisch kochen – französisch
- Milchfrei und schnell gekocht
- Käse veganese
- Cucina vegana
- Vegetarisches fürs Fest
- Vegan unterwegs
- Frisch aufgegabelt – Nudeln vegan
- Vegetarisches aus der Klosterküche
- Veganes fürs Fest
- Vegan grillen
- Vive la Provence!
- Vegane Rohköstlichkeiten aus dem Mixer
- Gelateria vegana

REZEPTINDEX

VEGAN GENIESSEN

Heike Kügler-Anger:
Gelateria vegana
ISBN: 978-3-89566-333-8

Heike Kügler-Anger:
Vegan grillen
ISBN: 978-3-89566-302-4

Heike Kügler-Anger:
**Vegane Rohköstlichkeiten
aus dem Mixer**
ISBN: 978-3-89566-317-8

Angelika Eckstein:
Vegan backen
ISBN: 978-3-89566-239-3

VEGANES AUS ALLER WELT

Angelika Krüger:
**Vegane Köstlichkeiten
– international**
ISBN: 978-3-89566-305-5

Heike Kügler-Anger:
Vive la Provence!
ISBN: 978-3-89566-306-2

Heike Kügler-Anger:
Cucina vegana
ISBN: 978-3-89566-247-8

Abla Maalouf-Tamer:
**Vegane Köstlichkeiten –
libanesisch**
ISBN: 978-3-89566-284-3

EINFACH MAL VEGAN

Ingrid und Alexander Neukert:
Einfach mal vegan
ISBN: 978-3-89566-305-5

Irmela Erckenbrecht:
Vegane Menüs
ISBN: 978-3-89566-328-4

Heike Kügler-Anger:
**Frisch aufgegabelt –
Nudeln vegan**
ISBN: 978-3-89566-281-2

Irmela Erckenbrecht:
Probier's vegan
ISBN: 978-3-89566-335-2

WEITERE BÜCHER AUS DEM PALA-VERLAG

Jutta Grimm:
Brotaufstriche selbst gemacht
ISBN: 978-3-89566-248-5

Petra Müller-Jani u. Joachim Skibbe:
Ayurveda –
Die Kunst des Kochens
ISBN: 978-3-89566-307-9

Ulla Grall:
Bohnen – vom Garten in die Küche
ISBN: 978-3-89566-298-0

Herbert Walker:
Bohnen, Erbsen, Linsen & Co.
ISBN: 978-3-89566-215-7

Gesamtverzeichnis bei:
pala-verlag, Rheinstraße 35, 64283 Darmstadt, www.pala-verlag.de

ISBN: 978-3-89566-314-7
© 2012: pala-verlag
3. Auflage 2014
Rheinstraße 35, 64283 Darmstadt
www.pala-verlag.de

Umschlag- und Innenillustrationen: Kirsten Maria Peter

Lektorat: Angelika Eckstein

Druck und Bindung: fgb • freiburger graphische betriebe
www.fgb.de
Printed in Germany

Dieses Buch ist auf Papier aus
100 % Recyclingmaterial gedruckt
und klimaneutral produziert.